이 편지는 유럽에서 시작되어

이 편지는 유럽에서 시작되어

서로를 넘어 모두의 세계를 응원하다

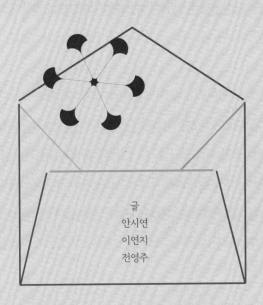

글
안시연
이연지
전영주

애플북스

ENTJ
시연

태어난 곳 : 부산
머무른 곳 : 스페인 하엔
생활 언어 : 스페인어 0 > B1
전공 : 경영, 사회
가장 좋아하는 음식 : 김치찌개, 떡볶이
관심 분야 : 패션, 문학

원래 글 쓰는 데 취미가 있는 사람은 아니었습니다. 팬데믹 기간에 사람들과 연결되고 싶은 마음에, '아무 글이라도 좋으니 일주일에 한 편씩 일단 쓰자!'는 기조 아래 온라인 글 모임을 열었습니다. 운영하고 참여한 기간이 2년 가까이 되었네요. 제게 글쓰기는 살풀이로 시작해 치유가 되어주었습니다.

그래서 코로나 때문에 지체된 교환학생 생활을 시작하게 되었을 때, '당연히' 써야겠다고 생각했어요. 오늘이 남은 인생의 가장 젊은 날이기도 하거니와, 이런 특수한 시기가 살면서 몇 번이나 더 있겠냐는 마음이었습니다. 혼자서는 외로우니 늘 그래왔듯이, 비슷한 처지에 놓인 친구들에게 이 프로젝트를 제안했습니다. "일주일에 한 편씩 돌아가면서 우리 이야기를 담은 편지를 쓰자." 이 책은 그렇게 시작되었습니다.

'교환학생 준비물 꿀팁'과 같은 정보성 글 말고, 무턱대고 괜찮다고 하는 감성만 그득한 글 말고… 현실을 가감 없이 알려주되 그 안의 낭만도 알차게 엮어낸, 그런 글을 쓰고 싶었습니다.

별의별 주제가 다 나옵니다. 집 구하기부터 파티 문화, 식문화, 여행, 데이팅, 인종차별, 성차별과 환경문제까지요. 세 명 각자의 삶의 궤적, 시각과 관심사가 낯선 경험을 만나 일으키는 화학작용이 경이롭습니다. 거의 1년째 이 원고를 보고 있는데요. 몇 번을 다시 읽어도 재미있어요. 저는 이 책이 정말 좋습니다.

편지를 발행할 당시, 3주마다 제 차례가 돌아왔습니다. 정해진 요일과 시각에 이메일을 발송해야 했기 때문에 크리스마스 여행 중에도 노트북을 들고 다녔어요. 한국 시각에 맞춘다고 잠에서 깨자마자 마지막 퇴고를 마친 후 호스텔 침대에 기대어 마지막 편지를 발송했던 날이 기억납니다. 그렇게 유난을 떠니 작가가 된 것만 같아 설렜는데, 이 책을 냄으로써 진짜 작가가 되었네요. 독자님께서 저희 이야기를 선택해주신 덕분입니다. 감사합니다.

ENFJ

연지

태어난곳 : 경기
머무른곳 : 독일 프랑크푸르트
생활 언어 : 독일어 B2 > C1
전공 : 독어독문, 교육
가장 좋아하는 음식 : 이것저것 다 잘 먹음
관심 분야 : 사진, 글, 베이킹

외지에서의 생활은 제 외모, 성격, 태도, 사람을 대하는 방식 등 많은 부분에서 변화를 가져왔습니다. 함부로 쉽게 사랑하던 게 약점이 되던 날들과 달리 사람을 가리고 멀리할 줄 알고, 우울한 감정을 뒤로한 채 다른 일들에 골몰할 수 있게 되었습니다. 미안할 상황이 아닐 때 그 말을 꺼내지 않을 용기를, 미워하는 사람 앞에서 적당히 뻔뻔하게 행동할 수 있는 기개를 가지게 되었습니다.

하루는 이어폰으로 노래를 들으며 길을 걷다가, 그렇게 보낸 지난 시간이 견딜 수 없을 만큼 아쉬워졌습니다. '하루하루가 아까운 이 시간에 한 마디라도 더 주워들어야 하는데, 지금 뭐 하고 있는 거지?' 그래서 이어폰을 빼고 더 바삐 걸었습니다. 보고 듣고 말하며 때때로 살아 있음을 느끼고, 순간의 찬란함을 포착하여 기록하고, 그 생동함을 촘촘히 엮었습니다.

가본 적도 없는 공간이 생생해지는 글을 쓰고 싶었습니다. 제가 체감한 독일의 여유, 재촉 없는 미련한 문화, 장애인을 위한 시설, 비건을 포괄하는 식문화, 답답한 행정 절차, 햇살 좋은 날 북적이는 공원, 각자의 소수자성과 비주류성, 다양성을 존중하는 사람들을 전하고 싶습니다. 그곳에서 제가 어떻게 저로 살 수 있었고, 단단해졌고, 또 쉽게 유약해졌고, 충만했는지를 많은 분들께서 들어주시면 좋겠습니다.

이름도, 나이도, 직업도 모르는 사람이 그곳에서 전하는 우당탕탕 좌충우돌 여성들의 생존기는 분명 어떻게든 즐거울거라 확신합니다. 또 건강하고, 안온할 것이라는 말도 전합니다. 이 글로 인해 많은 여성이 더 소란히 공상하고 그려보지 못했던 삶을 꿈꿀 수 있게 되기를 바랍니다.

INTJ

영주

태어난 곳 : 대구
머무른 곳 : 프랑스 파리
생활 언어 : 프랑스어 0 > B1
전공 : 미디어, 경제
가장 좋아하는 음식 : 김치찌개, 훠궈
관심 분야 : 산책, 커피

변곡점 한 꼭지를 풀어볼까 합니다. 2021년 2월 '봉주르'와 '메르시'만 달달 외운 상태로 프랑스에 도착하여, 스쳐 지나갈 수도 있었던 사람과 나라 그리고 언어를 꽉 붙잡은 건에 대해서요.

제46회 세자르 영화제가 열린 3월. 때는 6 to 6 통금이라는 기가 막히고 코가 막히고 사회성도 막히는 규제가 계속되는 나날이었습니다. 영화제는 여느 행사처럼 온라인으로 중계됐고, 저는 며칠 후 자막과 함께 챙겨 봤습니다. 세간의 화제였던 '누드 시위'가 궁금했거든요.

누드 시위의 경위는 이러합니다. 의상상 시상자 코린 마시에로는 피로 물든 드레스에 당나귀 의상을 걸쳐 입고 무대에 올랐습니다. 사회자가 경악하자 더 '시네필'스러운 의상을 보여주겠다며 옷을 하나씩 벗었고 급기야 나체로 무대에 섰습니다. 배에는 '문화 없이는 미래도 없다'라는 문장이 있었고, 등에는 '장 카스텍스 총리, 우리에게 예술을 돌려줘'라고 쓰여 있었습니다. 다른 산업에 비해 예술 업계에 부과하는 방역조치가 과하다고 항의하는 퍼포먼스였습니다.

프랑스어가 이토록 자유롭게 발언할 수 있는 언어라면 시간과 노력을 투자해 배워볼 가치가 있겠다고 생각했습니다. 프랑스어를 이해하고 대화에 끼고 싶었죠. 저는 곧바로 비자를 연장했습니다. 이 책에는 프랑스에 조금 더 체류하며 말맛에 집중하던 나날을 담았습니다. 누군가에게 응원을 건네는 책이 되길.

차 례

나의 세계를 넓혀준 너에게
이 편지를 써

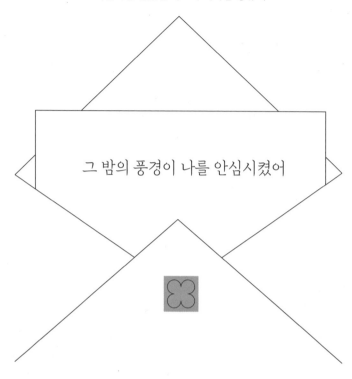

그 밤의 풍경이 나를 안심시켰어

안녕, 친구들아!

글로 인사하려니까 새삼스럽다. 우리 프로젝트가 이렇게 시작하네.
떨리고 설레는 마음이야! 첫 글이고, 내가 우리 셋 중에 유럽 막내(?)인
만큼 정착기 이야기로 시작해 보려 해.
　　정착기였던 한 달 내내, 내가 이렇게 빨리 변할 수 있음에 놀랐어.

모든 걸 적당히 더럽게, 대충 처리하는 유럽의 방식, 전기 인덕션은 있어도 키패드 도어락은 절대 허락하지 않는 열쇠 현관문, 문자 그대로 '뜨거운' 유럽 남부의 햇살과 스페인 특유의 (도저히 삼킬 수 없을 정도로) 짠 음식에 적응하는 것까지……. 나열하려면 수도 없이 많다. 한국에서는 약속 시각을 지켜야 한다는 강박을 갖고 살았는데 이곳의 나는 10분 늦는 건 기본이고 남이 30분 늦어도 화가 나지 않아. 사람이 이렇게 빠르게 적응할 수 있는 동물이었다니.

무언가에 대해 들어서 아는 것과 '나'라는 주체를 통해 직접 경험하는 것은 좀 다르더라고. 특히나 저녁 약속이 오후 9시부터 시작하는 것이 진짜 신기했어. 다른 나라도 그렇니? 여기 사람들은 밤 9시쯤 만나서 놀다가 3시에 집에 들어와서는 학교 간다고 9시에 기상해. 그래서 시에스타(siesta)라고 부르는 낮잠 시간이 있는 것 같아. 오후 2시부터 6시까지는 햇살이 너무 뜨거워서 나갈 수 없고, 시에스타 때문에 가게들도 다 닫아서 강제 휴식 시간이 있는 건데…… 나름대로 좋더라고. 할 수 있는 게 없으니까 집에 가서 발 닦고 잠이나 자는 거야. 이제 나도 현지인이 다 됐는지 낮잠 시간을 갖지 않으면 남은 오후엔 사람이 좀 퀭해져. 이런 라이프스타일에 익숙해지는 게 '적응'이겠지.

지금도 마찬가지인데, 여기서 별것 안 하고 놀기만 하는데도 피곤한 거야. 왜 그런지 고민해 봤는데 이제 알겠어. 나는 멕시칸 둘, 스페니시 한 명과 거실, 주방, 화장실을 공유하는 '플랫(flat)'에 사니까 방문을 열고 나가는 순간부터 스페인어를 써야 하잖아. 이를 포함해서 그 어떤 사소한 외출에도 외국어를 써야 하고 하다못해 놀러 나가도 영어를 써야 한다는 것이, 그러니까 모국어를 일상적으로 사용할 수 없다는 점이 은근히 스트레스가 되나 봐. 그게 내가 아무것도 안 해도 피곤한 이유였어.

은행 계좌를 열거나 생필품을 사는 것처럼 당연하고 쉬웠던 일들이 어려운 일로 다가오니까 스트레스는 받는데, 설상가상으로 엽떡도 먹을 수가 없으니 더 힘들었겠지. 폼클렌저를 스페인어로 어떻게 말하는지 몰라서 마트에서 번역기를 돌리고 구글링하며 서성거렸던 때를 생각하면 눈물이 앞을 가리네…….

난 정해진 루틴이 있어야 안정감을 느끼는 편이야. 그런데 여기 파견교에서는 듣고 싶은 수업의 강사와 시간대가 바뀌고 이것저것 자꾸 변동이 생기니 수업 일정을 픽스할 수 없어서 한참 짜증이 났었어. 코디네이터와 교수에게 이메일로 수업에 관한 질의를 하는데 상대방이

하는 말을 100% 알아들을 수 없으니까 혹여나 내가 놓친 게 있나 싶어 그게 또 스트레스였고. 첫 달은 그렇게 아침엔 이메일, 학교 인트라넷과 씨름하고 저녁엔 맥주에 타파스 먹으면서 잠시 잊고, 다음 날 또 이메일 파이팅(e-mail fighting)을 하는 일상이 반복됐었지.

그래도 행복하다고 느낀 이유는 이 동네가 내가 꿈꾸던 스페인에 부합했기 때문이야. 하엔(Jaén)은 작은 동네야. 한국의 도시에 비유하자면, 작지만 역사가 깊은 경주와 비슷한데 규모는 'city'도 아니고 'village'에 가까워. 대표 건축물로는 하엔 성당이 있고, 그 성당을 중심으로 시내가 형성되어 있어. 중심가에서 맥주와 타파스를 먹으면서 보았던 하엔 성당, 시끌벅적한 골목길, 버스킹과 스페인 사람들이 어우러지던 그 밤의 풍경이 나를 안심시켰어. 지금 당장은 고통스럽더라도 네 선택은 틀리지 않았다고 말해주는 것 같았달까.

사실 여기 와서 하는 일이라곤 첫째, 기회가 닿는 대로 외국인 친구들을 만나서 열심히 노는 것과 둘째, (나를 돌볼 사람은 나 자신뿐이므로) 부지런히 잘 챙겨 먹는 것 정도. 그러니까 생존만 하는 셈이잖아. 지금 이 한량 같은 삶이 어찌나 좋은지! 아직 좀 먼 미래이긴 하지만 한국에 가면 다시 경쟁 사회로 돌아갈 테니까, 돌아가서 지금의 생활을 그리워할

내가 사랑한 하엔 성당과 시내의 사진을 보내. 내 이야기가 조금 더 생동감 있게 다가가길 바라며!

게 벌써 눈에 선하다.

유럽권에서는 교환학생이라는 말 대신 유럽 내 학교들끼리 교환학생을 파견하는 제도인 '에라스무스(erasmus)'라는 단어를 더 많이 쓰는데, '에라스무스 블루(erasmus blue)'라는 말도 있대. 교환학생 기간을 즐기다가 한국에 돌아가면 두 생활의 괴리가 너무 커서 적응을 잘 못

한다고. 난 벌써 에라스무스 블루가 걱정되는구나…….

유럽 석회수가 무섭다고 들었는데 난 물갈이도 딱히 안 했고, 지금까지 크게 아프지도 않았어. 고등학생 때부터 기숙사 생활만 5년 해왔고, 그렇게 1년마다 사는 곳과 룸메이트를 바꿔가면서 무던한 생활방식을 구축해 온 덕을 이렇게 보는구나 싶더라.

내 정착기는 이랬어. 너희는 어땠을지 궁금하다. 너희는 백신 개발도 안 됐을 때 유럽 생활을 시작했잖아. 유럽이 락다운되었을 때 도착한 사람들은 한층 더 막막했겠지? 답장으로 이야기 들려줘. 기다리고 있을게.

스페인에서 시연이가

모든 시작은 어렵고,
밟지 않아본 길을 선택한 것만으로도
대단하다고 꼭 안아주고 싶어

시연과 영주에게

어제 'Packstation'이라는 무인택배함으로 택배를 보내야 했는데 택배함에 넣을 때 쓰는 QR 코드가 인식이 안 되는 거야. 그래서 오늘 우체국까지 택배를 들고 갔어. 인터넷에서 미리 결제할 때에는 택배가 2kg 이상이면 4.99유로, 5kg 이상이면 5.99유로라 첫 번째 옵션으로 구매했거든? 막상 가서 무게를 재보니 0.4kg 초과된 거야. 그래서 1유로를 추가로 결제할 줄 알았는데 2.5유로의 추가금이 부과되는 기적의 계산법을 맛봤어. 독일이 이렇게 무서운 나라야. 고생했으니까 오늘 저녁은 꼭 맛있는 걸 먹어야겠어.

의식주 중에서도 특히 '식'에 집착하는 성격은 아니었는데 여기서는 고생한 하루 끝엔 꼭 맛있는 음식으로 하루를 보상해야 한다는 강박이 생겼어. 언제부터냐고 묻는다면…… 막 정착하던 때부터였어.

8개월의 독일 생활 중 가장 잊을 수 없는 때를 꼽으라면 독일에 발을 딛은 첫 주야. 2022년 3월 첫째 주의 프랑크푸르트는 마치 죽은 도시 같았어. 락다운 때문에 문을 연 가게도, 식당도, 카페도 없고 지금은 언제나 인산인해를 이루는 뢰머 광장(Römerberg)에도 거니는 사람이 한 명도 없을 정도로 도시가 한산하고 고요했어. 높게 솟은 마천루들, 불이 전부 꺼진 시내의 건물들, 그리고 늦겨울의 한기를 품은 시린 바람들 사이로 나만 남겨진 이 장면이 매번 비현실적으로 느껴졌지.

이불을 구하지 못해 잠옷에 플리스에 수면 양말에 패딩으로 꽁꽁 싸맨 후 코트를 덮고 미니 전기장판을 끌어안은 채 자던 때도 있었어. 처

음 3일은 눈 뜨면 얼른 아침만 챙겨 먹고 나와 해가 질 때까지 구글맵
에 'Bettwäsche(독일어로 '이불'을 뜻함)'를 검색해서 나오는 침구용품점
을 전부 돌았어. 프랑크푸르트 시내도, 중앙역도, 집 근처 번화가도, 대
형 쇼핑몰도 가봤는데 그때는 락다운 때문에 이케아를 포함해서 영업
하는 곳이 하나도 없었어. 포기하고 아마존에서 이불을 주문했는데 우
리나라 카드로 결제해서 그런지 계정이 차단된 거야. 영어로 된 카드
소유주 증명서와 결제 내역서를 증빙해야 한다는 메일을 받고 은행 온
라인상담으로 급하게 연락을 하고 있었다? 그런데 후기를 찾아보니 차
단이 풀릴 때까지 며칠에서 몇 달까지도 걸린다는 거야.

그 기간을 이불 없이 버틸 수는 없었어.

결국 이케아 온라인몰에서 주문한 다음 픽업하러 갔는데, 차로만 들
어갈 수 있는 건 몰랐지 뭐야. 안내원도 없이 알아서 주차한 다음 이케
아에 전화를 걸어 주차장 번호를 알려주면 주문한 물건을 갖다주는 시
스템인데, 늘어선 차들 사이에 혈혈단신으로 주차 칸 하나를 차지하고
서서 기다리던 내가 불쌍하면서도 3일 만에 이불을 구했다는 벅찬 감
정으로 기분이 싱숭생숭했어.

그때 처음으로 생존에 대해 고민했어. 집도 있고 돈도 있으면서 생
존은 무슨 생존이냐고 할 수도 있겠지만 처음으로 이방인이 되어본 그

땐 그랬어. 이곳에 대해 막 알아가던 때였으니까. 마트에서 번역기에 폼클렌저를 검색하던 시연이처럼 옷걸이가, 베개 커버가, 공유기가, 민감·복합성 피부용 수분크림이 독일어로 뭔지 하나씩 검색하던 때가 생각나. 그 단어들은 죽을 때까지 잊지 못하겠지. 짧은 독일어로 물건 위치를 묻겠다고 머릿속으로 할 말을 정리하던 순간들, 직원에게 말을 걸 때 떨리고 긴장되던 마음, 쌀쌀한 공기를 닮은 직원의 표정, 필요한 물건을 구했을 때의 짜릿함도 말이야.

하루하루를 살아남는 기분으로 보낸 후에는 꼭 가장 좋은 음식으로 나를 대접했어. 스스로에게 '고생했어, 오늘도 잘했어'라고 표현하고 다독이는 내 방식이었어. 쉽게 포기하거나 누군가에게 의지하지 않고 잘 해결하고 있다고. 그렇게 식사를 치우며 하루를 마무리하면, 1인분의 몫을 온전히 해냈다는 사실만으로 자존감이 올라가더라. 충분히 건강하게 끼니를 챙겨 먹고, 집안일만 미루지 않고 해도 스스로가 대견하게 느껴졌어.

내 첫 자취 생활이자 첫 해외 생활은 이렇게 나만이 채울 수 있는 그릇을 만들었어. 원래는 남들의 인정과 애정으로 채워지는 그릇만 있었고 그게 차야 스스로를 좋아할 수 있었다면, 여기서는 내가 나를 움직이는

기숙사 방에서 바라본 프랑크푸르트의 전경이야. 매일 뜨고 지는 해도 지난한 하루의 시작과 끝에
큰 위로가 돼.

동력이란 게 생겼어. 나는 두 그릇의 크기가 남들보다 좀 큰 편인데, 그
대신 두 그릇이 가득 차면 남들보다 큰 힘이 생긴다는 걸 알게 됐지.

　내 타지 생활을 응원하는 주변 사람들에게 걱정 끼치기 싫어서 이곳
에서의 힘든 순간까지 공유하고 싶진 않았어. 그래서 새로이 삶을 꾸리
는 사람에겐 좋은 순간보다는 기대에 못 미쳤던 순간을 더 많이 물어보

고 싶어. 적응하는 과정에서 스스로를 의심하거나 자책하며 느낄 감정들을 덜어주려 해. 모든 시작은 어렵고, 밟지 않아본 길을 선택한 것만으로도 대단하다고 꼭 안아주고 싶어. 맛있는 음식을 해줄 순 없지만, 그 사람의 여정이 행복하게 마무리되도록 가장 귀한 대접을 해줄 거야.

인생에서 손꼽을 정도로 정말 고된 순간이었지만, 가끔은 그때로 돌아가고 싶기도 해. 지금은 락다운이 없어지고 식당에서 국밥은 아니어도 소시지는 사 먹을 수 있는 삶을 영위하고 있는데도 말이야. 이미 익숙함이 깃든 일상 대신, 시차 적응에 실패해서 의도치 않게 챙겨 보던 일출도, 뭐든 할 수 있을 것 같았던 그 느낌도 그리워. 예상할 수 없는 내일을 기대하며 잠들던 밤도.

오늘은 연어초밥을 해 먹을 거야. 누군가 있었으면 라면도 함께 끓여 먹었겠지만 1인 가구에게 그건 욕심인 거 같다. 너희는 오늘 저녁으로 뭘 먹을지 궁금하네. 글로 자랑해 줘!

안개가 자욱이 낀 요상한 날씨의 프랑크푸르트에서,

연지가

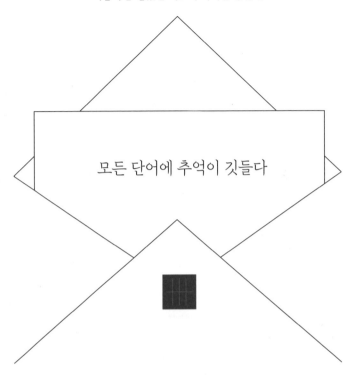

서툴지만 설렜던 서로의 시작을 공유해

모든 단어에 추억이 깃들다

보고 싶은 시연과 연지에게

프랑스어 없이는 소개할 수 없는 정착기를 들려줄게. 일파벳과 기초 인사말만 외운 채 낯선 땅에 떨어졌으니 나의 프랑스어는 민망한 감정과 주위 풍경 그리고 함께한 사람이 깃든 추억 그 자체야. 스페인어로 폼클렌저를 검색한 시연처럼, 독일어로 민감 · 복합성 피부용 수분

크림을 검색한 연지처럼, 나 역시 프랑스어 단어마다 기억이 한 스푼씩 담겨 있어.

• moyen

나는 프랑스 일일 확진자가 10만 명 가까이 나오던 시기에 이곳에 왔어. 공포의 '6 to 6 통금'이 있었지. 말 그대로 오후 6시부터 오전 6시까지 통행을 금지하는 조치야. 두 달을 통금과 함께 살다가 이제 좀 풀리려나 기대하던 차에 락다운이 찾아왔어.

누군가는 그때를 죽은 시간이라고 해. 공부하고 산책하고 장 보는 것 외의 모든 일상이 불법이었으니까 엄밀히 말하면 틀린 말은 아니지. 친구를 만나 맛있는 점심 한 끼 하고, 카페에서 수다 떨고, 최근 개봉한 영화나 새로 열린 전시를 보러 가던 생활이 까마득한 전생처럼 느껴졌어. 집 앞 영화관에는 2021년 하반기에도 2020년 포스터가 그대로 붙어 있고, 국립피카소미술관이 예술의전당에 피카소 원작을 110여 점이나 대여했다고 하니 얼마나 침침한 도시였는지 짐작할 수 있겠지?

이제야 말할 수 있다! 나는 오히려 좋았어. 아무것도 할 수 없어서 무엇이든 할 수 있었거든. 텅 빈 피라미드, 정적뿐인 에펠탑, 아무도 찾지 않는 개선문. 파리를 전세 낸 것처럼 누비는 나날이 나에게 또 찾아올까? 제2의 고향을 야무지게 받아들이던 시절이었어.

하지만 좋은 소리도 세 번 들으면 싫다는 말처럼, 정착 초기에 장장 3개월을 집에 갇혀 사니까 답답하긴 하더라. 다행히 넷플릭스가 훌륭한 정착 메이트였어. 하루 종일 한국 드라마를 몰아 봤던 것 같아. 프랑스까지 가서 한국 드라마를 보는 현실에 일말의 죄책감이 들었지만 '넷플릭스&집콕'이 너무 행복한데 어쩌겠어. 마침내 양심의 가책을 덜어낼 방법도 찾았어. 프랑스어 자막을 켜고 보는 거야! 그러면서 눈에 익은 단어가 'moyen'이었어. '수단, 능력, 재력' 등의 뜻이 있더라고. 한국 드라마가 좋아할 만한 단어지? 어찌나 많이 나오던지. 외우려고 노력하지도 않았는데 머릿속에 쏙쏙 들어오더라고.

이 단어를 스타벅스에서 자주 사용했어. 스타벅스라니 생뚱맞지? 뜬금없이 스타벅스에서 능력이나 재력을 과시할 일도 없을 텐데 말이야. 'moyen'의 의미 중에는 '중간의'라는 뜻도 있기 때문이야. 메뉴를 고르고 크기를 선택할 때 말하곤 했어. 다음에 프랑스로 여행 올 일 있으면 유용하게 써먹어. 주문하시겠어요? 아이스 아메리카노 하나요.

크기는 어떻게 하실래요? 보통으로 주세요!

• tablier

2022년 5월 19일은 특별한 날이었어. 장장 반년이나 굳게 닫혀 있던 음식점들이 다시 문을 열고 손님을 맞이했거든. 테라스에서만 식사할 수 있고 인원 제한이 있지만 외식이 가능하다니! 언젠가 프랑스 기념일로 지정하기를 바랄 뿐이야. 대통령과 국무총리가 카페에 마주 앉아 커피 마시는 사진이 신문 1면을 장식했으니 말 다 했지?

그동안에는 한국에서 즐겨 먹은 대다수 음식을 프랑스에서도 해 먹었어. 백종원 선생님부터 유튜브 '하루한끼' 채널까지 온 우주가 나서서 요리를 도와줬거든. 또 파리 곳곳 음식점은 팬데믹을 1년 반째 겪으면서 배달이나 포장 서비스를 개시했어.

단 하나, 훠궈는 쉬운 음식이 아니었어. 절대 흉내 낼 수 없더라. 배달을 시킬 수도 없고 집에서 해 먹자니 난이도가 높고. 마라 열풍이 한반도를 최고조로 달군 시기에 프랑스에 와서 그런지 약 100일이나 훠궈를 그리워하며 지냈지 뭐야.

음식점이 문을 열자마자 훠궈를 먹으러 달려갔어. 뙤약볕이 내리쬐는 날, 그늘 없는 테라스에서 팔팔 끓는 훠궈와 마주 앉았는데도 즐겁기만 했어. 알싸한 마라맛에 땀이 흘렀지만 젓가락은 멈추지 않았지. 나중에 보다 만족스러운 훠궈 음식점을 두어 곳 발견했지만 그날의 추억은 잊지 못할 거야. 직사광선, 보글바글, 매콤뻐질, 그리고 새하얀 옷에 튄 마라 방울. 잽싸게 프랑스어로 앞치마를 검색하고 손을 들었어.

"Est-ce que vous avez deux tabliers?"(앞치마 두 개 있나요?)

이상하게도 백색 상의를 입은 날이면 훠궈를 먹는다는 저주에 빠진 것 같아. 이후로도 훠궈를 먹을 때마다 늘 흰옷 차림이었지 뭐야. 오늘도 어김없이 훠궈를 맛있게 먹고 흰 셔츠에 튄 마라 방울을 발견했다는 소식. 가슴이 아프다. 앞치마가 가리지 못한 부분이어서 어쩔 수 없었긴 해. 이처럼 주 1회 입 밖으로 'tablier'를 내뱉으니 자연히 체득할 수밖에. 덕분에 어학원 선생님이 프랑스어로 앞치마가 무엇인지 물었을 때 자신만만하게 답할 수 있었어.

• gilet
프랑스는 점점 일상으로 돌아가는 중이야. 6월 17일부터 야외 마스크 의무화를 해제했고 6월 20일부터 야간통행금지가 사라졌어. 8월부터는 보건패스(pass sanitaire, 백신접종확인서 또는 음성확인서)만 제시하면 팬데믹 전처럼 생활할 수 있어. 평소와 다를 바 없던 어느 날, 친구가 말했어. "나 브라질리언 왁싱 했어!"

브라질리언 왁싱이 버킷리스트였대. 월경 기간을 얼마나 편하게 보내는지 들으면서 호기심이 생겼고 프랑스 왁서는 기술이 있어서 아프지 않다는 말에 마음이 긍정적으로 변했어. 개인 왁싱숍이 아닌 화장품 브랜드 '이브로쉐'에서 받을 수 있다는 사실에 결심을 굳혔어. 팔자에도 없는 브라질리언 왁싱을 경험해 보겠다고! 한 달간 그 부위에 털이 없다고 세상이 무너지진 않잖아. 조선이 프랑스 군대와 전쟁을 벌이던 신체발부 수지부모(身體髮膚 受之父母) 시절도 아니고 말이야. 무엇보다 지금 아니면 언제 해보겠어.

예약한 시간에 이브로쉐를 찾아가서 확인 메일을 보여줬어. 몇 가지 정보를 물어보더니 '질레'를 어떻게 하래. 질레가 뭐지? 처음 듣는 단어였어. 잠깐 대기하는 동안 얼른 사전 찬스를 썼지. 'gilet', 속옷이라는 뜻이더라. 란제리(lingerie)가 프랑스에서 일반적인 속옷을 가리킨다고 알았는데 이럴 때는 'gilet'를 쓰는구나. 새로운 단어를 알았지 뭐야. 까먹지 말고 기억해 두려고 머릿속으로 단어를 되뇌는 와중에 왁서

가 들어왔어. 가슴팍에 명찰이 있더라고. 'Gillette'. 이제 평생 까먹을
수 없겠네.

　며칠 전에는 서점에서 프랑스어역《82년생 김지영》을 발견했어. 프
랑스어 제목으로는《Kim JiYoung, née en 1982》라고 해. 모르는 단
어가 많은데도 술술 읽혔어. 원작도 읽고 영화도 봐서 그런가 봐. 주인
공이 처음 빙의 증상을 보이는 장면에서 낯익은 단어를 발견했어.

　"Tu devrais songer à te pourvoir d'un gilet."(속옷 입는 것을 고
려해야 한다.)

　날이 춥다고 장모가 사위에게 속옷을 권유하지는 않을 테니 'gilet'
가 가진 다른 뜻을 찾아봤어. '조끼, 내의, 카디건' 등에 쓸 수 있는 단
어라고 해. 구글에 검색하면 조끼와 카디건 사진이 대부분이야. 한국어
원문에서는 '내복'을 쓰지 않았을까? 조끼나 카디건일 수도 있지만 말
이야. 한국에 돌아가면 원작을 다시 읽어봐야겠어.

　와싱 후기를 남기며 편지를 끝맺을게. 우선 차분히 앉아 편지를 쓰
고 있다는 사실로 미루어보아 (운 좋게도!) 죽진 않았어. 결과물도 깔끔

해. 그렇지만 다음 달에 이브로쉐를 찾진 않을 거야. 속옷에서 월경대와 함께 체모가 뜯어지는 고통, 그 짜릿함이 무수히 반복되는 과정을 한 번 더 감내할 자신이 없네. 질레트 씨의 기술은 단연 최고였지만 나는 새가슴이라 여기서 하차할래. 그래도 자유로운 영혼으로 유럽에 살면서 한 번쯤 해볼 만한 좋은 경험이었어. 너희도 '지금이니까 한번 해보자!'라는 마음가짐으로 뛰어든 일이 있을까? 새로운 환경이 도전 정신을 응원하면 어떤 빛을 발하는지 궁금해. 마음껏 시행착오를 자랑해 줘!

오색 낙엽이 떨어지는 파리에서,

영주가

락다운 기간 동안 텅 빈 루브르 박물관과 피라미드.
파리를 전세 낸 것처럼 누비는 나날이었어.

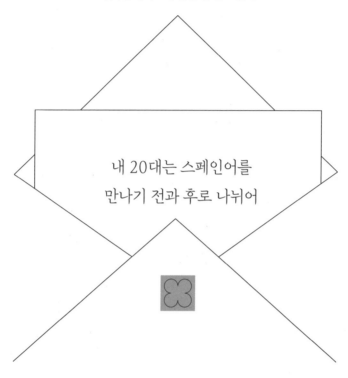

내 20대는 스페인어를
만나기 전과 후로 나뉘어

혹한기를 보내고 있을 연지와 영주에게

'오색 낙엽이 떨어지는 파리'라니, 실감도 안 난다. 여긴 아직 쨍한
여름처럼 초록 잎이 푸릇푸릇해. 오늘 낮에도 민소매를 입고 수업을 들
었는걸. 여기 스페인 남부에서 EU 밖으로 나가려면 영국보다 아프리
카 대륙이 더 가까우니까 말 다 했지.

언어 하니까 나와 스페인어의 만남이 생각나. 스페인 파견이 결정된 다음 학기에 휴학을 했어. 휴학한 첫 달부터 스페인어 학원에 다니기 시작했고, 6개월 배우고 출국할 예정이었지. 그런데 코로나 때문에 1년을 미루게 되었고, 그 1년 동안 그냥 스페인어 공부를 계속하게 된 거야. 학원에서 6개월 동안 기초 코스를 다 뗐고, 학교 교양 수업으로도 한 학기를 들었어. 파견 직전에 회화반 수업과 자격증반 수업까지 각 2달 듣고 출국했으니까, 졸지에 스페인어만 1년 반 공부한 사람이 되어 버렸지 뭐야……

의도한 바는 아니었지만 결론적으로, 내 20대는 스페인어를 만나기 전과 후로 나뉜 것 같아. 그만큼 내겐 중요한 분기점이었어. 학창 시절에 영어와 일본어를 배웠을 때는, 아무리 해도 잘 늘지 않으니까 막연히 외국어가 어렵다고 생각했어. 그런데 스페인어는 문법이나 어원이 영어랑 비슷한 부분이 많아서 시작이 크게 힘들지 않았어. 게다가 우리는 지옥의 대학 입시를 거치면서 한국어, 영어의 문법 개념과 용어들을 한 바퀴 돌렸잖아. 언어 학습 체계가 어느 정도 갖춰진 상태에서 새 언어를 배우는 건 생각보다 막막하지 않더라고! 그렇게 산을 한 번 넘은 것 같아. 새 언어를 습득한다는 자체보다, 직접 부딪혀 보면서 '지금 시작해도 전혀 늦지 않다'는 걸 실감하며 붙은 자신감이 더 큰 자산이 됐어.

여기에 와서 한 가장 큰 도전이 뭐냐고 물었지? 평생 'K-굿걸'로 살아온 내가 파견교에서의 강의 시간표를 내일이 없는 사람처럼 짰다는 것! (너무 시시한가…… . 다른 것도 있긴 한데 공적인 자리니까 말을 줄일게ㅎㅎ) 졸업 생각 안 하고, 듣고 싶은 수업만 들어. 딱 세 개 듣는데, 그게 다 스페인어 수업이야. 하나는 문법과 단어, 하나는 회화, 하나는 자격증반. 그리고 내 전공은 경영학과 사회학이지.

졸업이 꼬이게 생겼고 5학년이 확정되어 버렸지만, 힘들게 온 만큼 여기서만 배울 수 있는 걸 배워야 하지 않겠어? 후회는 없어! 마침 한국어를 배우고 싶어 하는 스페인 친구를 사귀어서, 매주 두 번씩 서로 한국어-스페인어 과외도 해주고 있어. 아무래도 교환학생보다는 어학연수를 하고 있는 셈이지…… .

보통 스페인어 하면 어떤 이미지가 떠오르니? 손으로 만두를 빚어 가면서 열성적으로 빠르게 말을 쏟아내는 사람이려나……? 저번에 영주가 스페인어는 거의 중국어만큼 시끄럽게 느껴진다고 말한 적이 있었지. 나도 처음엔 그렇게 생각했어.

그런데 영주가 여행한 도시가 하필 바르셀로나여서 그렇게 생각했을 수도 있단 걸 이제 알았어. 내가 느낀 바르셀로나는 꼭 우리나라의 부산 같았거든. 바다를 끼고 있어 해상무역으로 발전한 도시고, 카탈루냐권이라서 '카탈란(catalán)'이라는 개별 언어를 사용하고 지역 정체성이 굉장히 뚜렷하잖아. 말에도 그게 반영된 것 같아.

내가 사는 안달루시아에도 '안달루스(andaluz)'라는 남부 특유의 방언이 있어. 제주 방언이 어미를 짧게 끊어버리는 것처럼, 안달루스는 끝에 붙는 's'를 거의 발음하지 않고 입을 크게 열어서 마지막 모음을 강조하는 게 특징이야. '고맙습니다'라는 의미의 'Gracias'를 'Gracia'로 발음하는 게 대표적인 예시야. 말라가, 세비야, 그라나다 포함 스페인 남부를 여행할 기회가 있으면 자세히 들어봐. 게다가 말하는 속도도 표준어보다 훨씬 빠르지, 목소리 크지…… 그래서 알아듣는 데 시간이 좀 걸리는 경우도 많아. 내가 들은 스페인어가 다 그래서 난 원래 이런 언어인 줄 알았어.

그런데 내가 저번 주말에 마드리드로 여행을 다녀왔거든? 그런데 스페인어…… 꽤나 점잖은 언어더라? 사람들 말투가 남부보다 확실히 나긋나긋했어. 목소리도 차분하고, 발음도 또박또박하더라고. 사람들도 전반적으로 다르다고 느꼈는데, 하엔 사람들이 인심 좋은 아저씨처

너희 넷플릭스 시리즈 〈종이의 집〉 봤니? 〈종이의 집〉 시즌 3, 1화 마지막에 조폐국 털기에 성공한 강도들이 비행선을 타고 마드리드 시내 한복판에 훔친 돈을 뿌리거든. 그 장면의 배경이 바로 마드리드 메트로 카야오역이야. 우연히 걷다가 발견했는데 '어, 거기다' 싶더라고. 직접 보니 반갑더라. 그래서 사진 한 장 찍었어. 다시 한번 '내가 갈망한 그 땅에 와 있구나' 싶은 생각이 들었어. 〈종이의 집〉을 보며 스페인에 대한 애정을 키웠던 나의 감정에 함께 이입해서 감동을 느껴주기 바라.

럼 친근하다면, 마드리드 사람들은 적당히 차갑고 세련됐달까. 도시 크기 자체는 작은데, 그에 비해 메트로가 촘촘하게 들어서 있는 게 꼭 파리 같다고도 생각했고.

여기에 오고, 사는 곳이 완전히 바뀌면서 '도시'에 대한 생각을 많이 하게 돼. 우리나라에서도 어느 도시에서 나고 자랐는지, 어디서 대학을 다니는지에 따라서 개개인이 겪는 경험들이 크게 달라지잖아. 나는 광역시에서 태어나서 잠깐 외곽 신도시에 살다가 서울로 대학을 갔고, 거기서 쭉 살았으니까 사실상 대도시에서만 살아온 셈이야. 그런데 여기하엔은 태어나 처음으로 살아보는 '빌리지(village)'란 말이지……. 처음엔 그 차이에서 오는 괴리도 컸거든. 버스가 한 시간에 한 대 오니까 시간 맞춰 나가야 한다든가 하는 것들 말이야.

너희는 지금 유럽 교통의 중심지에 살고 있잖아. 그리고 그 도시들은 파견 지원할 때 너희가 선택한 거고. 난 요즘 교환학생 준비하는 사람들한테 어느 도시로 갈지 정하는 게 교환 준비에서 가장 중요하다고 말하고 다니는 중이거든. 지역과 도시에 따라 사람도 말도 문화도 너무 다르니까. 파리와 프랑크푸르트 같은 대도시에 살면서, 또 유럽의 많은 도시를 여행하면서 너희가 어떤 것들을 느꼈는지 궁금해! 유럽 선배들의 흥미로운 통찰을 기다리고 있을게.

오늘 처음 라디에이터를 작동해 본

시연이가

안주하고 싶은 공동체를 찾기보단
우리나라가 모두에게
더 안전한 곳이 되게 만들 거야

시연, 영주에게

시연이에겐 스페인어가 인생의 변곡점과도 같았구나. 나에게 독일
어는 그렇게 멋있게 다가오지 않았는데. 나는 독일어가 젠더적으로 폭
력적이기 쉬운 언어라고 생각했어.

독일어의 모든 인칭 명사는 무조건 남성과 여성의 형태로 구분하여 작성해야 하고, 메일을 보낼 땐 상대방의 성별에 따라 인사말이 달라져. 직업 명사의 기본형은 무조건 남성형이고, 사람(people)이라는 뜻의 'man'이라는 대명사를 반복할 때면 남성을 이르는 단어가 기본값이야. 이렇게 모든 인칭 명사의 기저에 이중적인 성별 구조가 있어. 상대가 나의 성별을 규정해야 하는 경우도 자주 발생하는데, 철강 영업 팀에서 인턴으로 일할 땐 철강 무역직의 대부분이 남자라는 이유로 'Herr(Mr)'라 불리곤 했어. 외적으로 인지되는 성별과 자신이 내적으로 규정한 성별이 일치하지 않는 사람이라면 독일에서는 곤란할 일이 더 잦을 것 같아.

혹시 너희는 한국을 벗어난 '탈조선' 세상에 기대한 것들이 있니? 내가 3월 중순쯤 프랑크푸르트를 벗어나 처음으로 기차를 타고 여행한 도시가 하이델베르크였어. 도시 초입에 위치한 구시가지 광장으로 들어서자마자, 광장 한가운데 높이 걸린 레인보우 플래그와 트랜스젠더 플래그(성소수자의 자긍심을 나타내는 표식인 프라이드 플래그의 두 종류. 레인보우 플래그는 남색을 제외한 무지개색으로, 트랜스젠더 플래그는 흰색, 하늘색, 분홍색으로 구성된다)가 가장 먼저 사람들을 반겼어. 3월 31일이 트랜스젠더의 존재를 세상에 드러내고 이들과 관련된 다양한 의제를 가시화하는 '트랜스젠더 가시화의 날'이긴 하지만, 자긍심의 달(Pride Month, 매년 6월 성소수자를 지지하고 목소리를 내는 성소수자 인권의 달로 기념한다)도 아닌데 공공장소에 이런 깃발이 떡하니 걸려 있을 수 있다는 사실이 새롭잖아. 우리나라로 따지면 서울퀴어문화축제 기간이 아닌 때에 서울시청 광장에 엄청난 크기의 무지개 깃발이 걸려 있는 거니까. 바로 검색을 해봤는데, 하이델베르크는 2015년부터 '성소수자가 살기 좋은 도시'라는 도시 정책을 내걸고 성소수자 환영을 공적으로 표방한다고 해. 우리나라는 포괄적 차별금지법(인간의 존엄과 평등을 실현하기 위해 차별 예방과 시정에 관한 내용을 담은 법으로, 특정 범주뿐만 아니라 평등이념에 따라 성적 지향을 비롯하여 성별, 장애, 인종, 출신 국가, 피부색, 언어, 종교, 사상 또는 정치적 의견, 학력, 사회적 신분 등을 이유로 생활의 모든 영역에서 합리적인 이유 없이 차별을 금지하는 법) 제정을 여전히 미루는 상황에서 성소수자가 쟁점 중 하나로서 정치적 제물이 되는데 말이야.

하이델베르크가 유별난 것이 아니냐고? 베를린은 성소수자와 관련해 정책적으로 가상 활발한 활동을 펼치고 있는 도시인데, 정부 주도하에 LGBTQ 유닛을 설립해 성소수자를 위한 캠페인과 포럼을 진행해. 뮌헨에서는 모든 성 정체성 및 성적 지향을 일컫는 LGBTQIA+ 브로슈어를 제작하여 배포하고, 도시 홈페이지에도 성소수자 관련 카테고리를 따로 제공하고 있어. 독일 일반평등대우법(AGG)에 의거하여 일부 공식 서류에는 성별 선택지 중 다성(divers)이나 기입을 희망하지 않는 다는 선택지가 주어지고 마트나 통신사 입구, 구글맵 장소 정보 등에도 성소수자 환영을 표현하는 표식이 있어. 퀴어 퍼레이드 주간에는 도심 의 가게마다 행사를 축하하는 무지개 장식이 되어 있더라.

독일어에 성별 불평등이 내재되어 있다고 했었지? 독일어 어학 수 업에서는 이 주제로 토론하기도 했어. 기본적으로 남성형이 쓰이는 독 일어 명사에 여성과 젠더 퀴어(트랜스젠더, 논바이너리 등)를 포괄하도록 표기하는 젠더별(Gendersternchen)이 어떤 의미인지, 동성커플의 가족 구성권(Ehe für alle. 모두를 위한 결혼, 동성혼을 의미)의 역사는 어떠한지, 핑 크워싱(기업이 성소수자 친화적인 마케팅을 펼치며, 자신들의 활동을 정당화하거나 이익을 취하는 행위)에 대해 어떻게 생각하는지 등을 주제로 외국인 학생 들과 독일 할머니 교수님이 매주 침 튀기고 피 튀기며 논쟁하는 장면 이 상상이 가니? 지금 수강하는 독어독문학과 세미나에서는 매주 한 권의 현대 소수자 문학을 읽고 자유 발언을 하는데, 이번 주에 읽고 있 는 작품은 독일인 트랜스젠더 남성이 성별 전환기에 느낀 점을 기록한 자전적 수필이야. 신체적, 정신적 성별이 일치하지 않는 상황에서 독 일의 성별 호칭들로 인해 느낀 미세한 불쾌감에 대해 흥미롭게 읽고 있어.

성적 지향과 성 정체성 외에 비건에 대해서도, 어떤 식당이든 자연스레 비건 옵션이 주어지고 비건 표시가 분명하게 되어 있어. 가격이 크게 차이 나지도 않고, 오히려 비건이 더 저렴한 경우도 많아. 버스나 트램, 지하철은 휠체어와 유모차의 너비에 맞춰 설계되어 있고, 하차 시에도 교통수단이 기울어지며 보도와 연결되어 배리어 프리(장애인도 편하게 살아갈 수 있는 도시를 만들기 위해 물리적 · 제도적 장벽을 제거함) 환경을 제공해.

지금 내가 한 얘기가 너무 어려울 수도, 누군가에겐 외국 생활을 고려할 때 딱히 중요하게 여기지 않을 수도 있겠다. '해당되는 사람들이 목소리를 높일 문제지, 내가 관심을 가질 이유는 없잖아?'라고 생각할 수도 있을 것 같아. 나도 분명 그럴 때가 있었을 테니까.

나는 무해한 사람이고 싶어. 누구에게든, 나와 그저 스쳐 지나가는 사람일지라도 말이야. 그러기 위해 말로 티끌만 한 상처도 주고 싶지 않아. 그러려면 모든 사람을 존중할 언어와 행동을 찾아야 한다고 생각해. 누군가가 그 사람 자체로 사는 데 해를 입히고 싶지 않아서, 다수가 아닌 소수일지라도 모두의 정체성을 배워가며 살려고 해. 물론 완전하게 누군가의 삶에 이입하거나 그를 이해할 수는 없겠지만, 적어도 존중할 방식을 찾으려는 거야. 비윤리적이거나 비합법적이지 않다면 어떤 것이든 그 사람을 이루는 요소들은 존중받아 마땅하잖아? 세상의 사각지대에 위치한 사람들을 공부하고 이렇게나마 존재를 보여지게 하는 게, 존재하는 모든 사람을 존중하고 살아가는 세상에 대한 최소한의 책임을 지는 내 나름의 방법이야.

그리고 다양성이 갖춰진 사회에 편입되고 싶은 사람이라면, 그를 존중할 채비를 하고 와야 하지 않을까? 외국 생활에 대한 피상적이고 단편적인 환상이 아니라 이곳 사람들이 오랜 시간에 걸쳐 일군 문화를 수용할 준비가 필요할 것 같아. 이 사회 곳곳에 살아가는 사람들을 외면하지 않고 마주할 준비가!

훗날 우리나라에서 탈출하여 다양한 인종과 성별의 친구들과 함께 비건 푸드를 먹으며 페미니즘 강연에 손잡고 참가하는 인생을 꿈꾸냐고? 아니! 나는 한국에서 애인과 투닥대며, 우리나라가 변화할 방안에 대해 함께 곰곰 생각하며 살 거야. 지금처럼, 하지만 이보다 단단한 언어로 써야 하는 글을 쓰고, 해야 하는 말을 하고 싶어. 안주하고 싶

나는 무해한 사람이고 싶어.
누구에게든, 나와 그저 스쳐 지나가는 사람일지라도 말이야.

은 공동체를 찾기보단 우리나라가 모두에게 더 안전한 곳이 되게 만들 거야.

세상은 변해. 몇백 년에 걸쳐 독일어가 변하고 있듯이 말야. 내가 죽기 전엔 경복궁이나 서울 시청 높이 무지개색 깃발이 걸려 있는 장면을 볼 수 있지 않을까?

그날까지 우리가 살아남길 바라며,

연지가

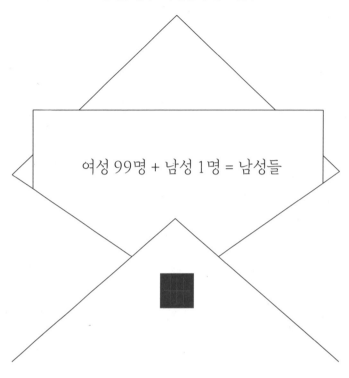

여성 99명 + 남성 1명 = 남성들

나의 동지 시연과 연지에게

"젠더적으로 폭력적인 언어." 지난주 연지가 보낸 편지에서 가장 눈길이 가는 표현이었어. 덕분에 유럽어를 공부하면서 느낀 바를 한 문장으로 정리했어. 프랑스어도 독일어와 비슷하게 대다수 단어가 여성형과 남성형으로 나뉘거든. 기본 단어는 남성형으로 배우지. 오죽하면

DELF(프랑스어 공인 인증 시험) 쓰기 영역에서 자신을 남성으로 가정하고 답안을 작성하라는 꿀팁도 돌아. 단어를 여성형으로 바꾸면서 실수가 일어날 수 있고, 시제를 바꿀 때도 성별을 고려해야 하거든. 시험에 보다 쉽게 합격하고 싶은 마음이 절반, 자아를 잃었다는 상실감이 절반이야.

고작 단어 하나로 상실감을 왈가왈부하는 모습이 우스울 수도 있겠지. 예를 하나 더 들면 이 감정에 공감할 수 있을까? 프랑스어 걸음마를 떼면서 '그들'에 해당하는 대명사를 배웠어. 영어로는 'they', 한국어와 영어 모두 성별 구분 없는 단어지. 프랑스어는 달라. 'elles'는 2명 이상 여성, 'ils'는 2명 이상 남성을 지칭해. 만약 여성 1명, 남성 1명이라면? 좋은 지적이야. 함께 수업을 들은 미국인 친구가 교수님께 던진 질문이었어. 교수님은 남성을 1명이라도 포함하면 주어는 무조건 'ils'라고 답했어. 여성이 99명, 남성이 1명이어도 마찬가지.

팬데믹 이후 언어습관 속 성차별이 수면 위로 드러나는 사건이 있었어. 2020년 초, 아시아와 유럽 일부 지역에서 코로나19 확진자가 급증하자 신조어 '코비드-19(COVID-19)'가 등장했어. 바이러스(virus)가 남성명사여서 처음에는 일상에서는 물론 정부와 언론도 '코비드-19'를 남성형으로 사용했어. 프랑스 정부가 코로나19 확산 방지를 위해 배포한 포스터에 남성형 관사(le)를 사용한 사진을 첨부할게. 지금 이 편지를 쓰고 있는 카페에 붙은 종이야! 2020년 5월 7일 아카데미 프랑세즈(Académie française. 프랑스의 국립국어원, 프랑스어를 지키고 학술 진흥을 도모하는 국가기관)는 통상적 용례를 뒤집고 '코비드-19'를 여성형이라고 규정했어. 여성명사인 '질병(maladie)'의 성을 따라야 한다고 주장했지. 곧바로 아카데미 프랑세즈가 성차별 인식을 드러냈다는 지적이 일었어.

"2020, arrive un virus, pardon, une virus, la COVID." (2020년에 바이러스(남성형 관사 un 사용)가 왔어요. 정정합니다. 코비드 바이러스(여성형 관사 une 사용)가 왔어요.)

프롤로그에서 언급한, 자유로운 발언과 소감이 이어진 제46회 세자르 영화제에서 사회자 마리나 푸아의 인사말이었어. '코비드-19' 앞에 붙이는 관사를 의식적으로 고쳐 말하며 비판의식을 보였지.

말이 나온 김에 세자르 영화제 이야기를 좀 더 풀어볼까 해. 세자르 영화제는 프랑스에 4개월만 머무르려던 마음을 고쳐먹고 비자 연장을 신청한 이유 중 하나거든. 프랑스어 자체에 성차별이 있는지 없는지와

코로나19 확산 초기 프랑스 정부가 배포한 포스터. 당시 신조어 '코비드-19(COVID-19)'에는 남성형 관사(le)를 사용했다.

무관하게 프랑스어는 무궁자재한 말을 내뱉는 용도로 쓰인다고 생각
했어.

마리나 푸아뿐 아니라 여러 시상자와 수상자가 마이크를 잡았는데
묵직한 분위기인 우리나라 영화제와는 분위기가 달랐어. 정반대라고
해도 과언이 아니지. 아직까지도 기억에 남는 사람은 의상상 시상자였
던 코린 마시에로야.

마지에로는 피 칠갑을 한 당나귀 의상을 입고 무대에 나타나 영화
〈당나귀 공주(Peau d'âne,1970)〉에 나오는 모습이라고 말했어. 사회자
가 난색을 표하자 당나귀 의상을 벗고 새빨간 드레스 차림으로 〈캐리
(Carrie, 1976)〉 패러디라고 하더라. 사회자가 여전히 만족하지 않자 마
지에로는 드레스마저 벗어 던지고 알몸뚱이가 됐어. 마지에로 몸엔
"REND NOUS L'ART, JEAN !(장 카스텍스 총리, 우리에게 예술을 돌려줘!)"
라고 적혀 있었지. 백화점이나 대형 상점이 문을 여는 와중에도 공연
장, 영화관 등 예술 시설은 폐쇄한 사실을 비판한 거야.

프랑스에서는 자유를 중시하고 이를 거침없이 표현한다는 사실을
깨닫자마자 길거리 곳곳에 걸린 자유분방한 프랑스어 문장이 눈에 들

어왔어. 지난 봄에는 LGBT 인식 재고를 위한 공익광고가 전역에 걸렸어. 두 사람이 포옹하는 사진과 함께 짧은 문장이 있었지.

"Oui, mon père est gay." (응, 우리 아빠는 게이야.)
"Oui, ma coloc est lesbienne." (응, 내 룸메이트는 레즈비언이야.)

무지개 깃발이 가득한 서울을 바라는 연지처럼, 나 역시 미래지향적 메시지를 공유하는 대한민국을 바라. 유명인이 생일을 맞이했음을 알리는 광고보다 살기 좋은 국가를 향해 힘차게 행진하는 문구로 지하철을 채워보자고!

벌써 크리스마스 마켓을 준비하는 파리에서,
영주가

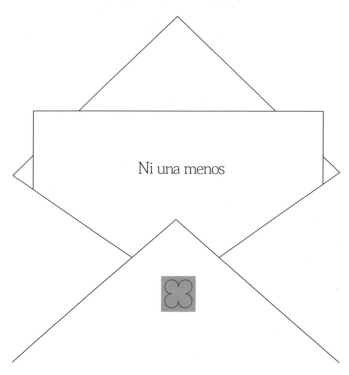

Ni una menos

영주와 연지에게

　말하는 대로 생각하게 되고 생각하는 대로 말하게 되는 법이니까, 언어 안의 성차별은 결코 간과할 수 없는 문제지. 나 역시 성 구분이 명확한 스페인어를 배우면서, 스페인어가 제1 외국어가 아니라서 얼마나 다행이라고 생각하는지 몰라. 만약 그랬다면 지독한 성별 이분법 없이는 말도 하지 못하는 사람들이 지금보다 훨씬 많아졌을 테니까.

페미니즘의 시대라고 하지. 특히 한국에서는 누구나 페미니즘에 대
한 입장 정리를 직면할 수밖에 없게 된 지 오래잖아. 그건 여기서도 마
찬가지인 것 같아.

'Laura'라는 친구가 있어. 콜롬비아에서 왔고 심리학을 전공하는,
내 교환학생 생활에서 가장 친하게 지내는 외국인 친구야. 영어식으로
는 '로라'라고 읽겠지만 스페인어권에서는 '라우라'라고 읽고, 라우라
는 여기서 로라만큼이나 많이 쓰이는 이름이야. 라우라는 10만 명이
넘는 팔로워를 보유한 인스타그램 인플루언서인데, 자기소개란에 본
인을 페미니스트라고 소개해. 페미니즘에 대한 이야기가 나올 때면 자
신은 모든 종류의 차별에 반대하며, 그게 본인이 이제까지 배워온 것이
라고 말해. 술자리에서 게임을 할 때 장애나 차별이 희화화되는 상황을
마주하면 절대 그냥 넘어가지 않고 유창하지 못한 영어일지라도 꼭 그
문제를 짚고 넘어가. 모두가 들떠 있고 산만한 분위기에 제동을 걸고
해야 할 말을 한다는 게, 참 어려운 일이잖아. 하지만 중요한 일이기도
하고. 그걸 실천하는 용기가 멋져 보였어. 내가 너희를 소개할 때도 늘
이렇게 말하지만, 라우라 역시 내 자산이자 자랑인 친구야.

이번 글을 라우라 얘기로 시작한 건 어제 이 사건이 터졌기 때문이야. 라우라네 플랫에서 각자 자기 나라의 음식을 만들어 와서 공유하는 인터내셔널 푸드 파티가 있었거든. 음악을 크게 틀고 노래를 부르며 놀다가 야심한 밤이 되었는데, 같은 건물에 살던 이웃이 심기가 불편해졌나 봐. 문제는 우리에게 바로 주의를 준 게 아니라 집주인에게 그 사실을 이야기하고, 그것도 모자라 경찰을 불렀다는 거지.

경찰이 오고 있다는 이야기를 전해 듣고 우리는 숨기 바빴어. 어린 아이들처럼 흥분하는 것도 잠시, 라우라의 얼굴이 창백해지기 시작했어. 심상치 않음을 감지한 내가 라우라에게 괜찮냐고 물었지만 라우라는 숨을 몰아쉬며 괜찮지 않다고 대답했어.

콜롬비아에서는 아직 경찰이 사람을 해한다고, 그래서 시민에게 경찰은 여전히 공포스러운 존재라고 다른 콜롬비아 친구가 알려줬어. 그 둘은 콜롬비아의 수도인 보고타 출신인데, 보고타가 콜롬비아에서 가장 위험한 도시래. 남미 대부분의 도시가 씨족사회라서 마을 사람들끼리는 서로 친밀한 관계를 유지하며 지내는 반면, 범죄를 저지르거나 그 외 다른 사유들로 그 사회에서 쫓겨난 사람들은 수도로 모인대. 라우라 외에도 콜롬비아에서 사는 것이 힘들어서 스페인으로 이주를 준비한다고 했던 여자 친구들을 여럿 만났던 게 생각나더라고.

정확히 지구 반대편에 있는 나라에 사는 여성의 삶은 나와 상관없다고 생각해 왔는데, 이제 더 이상 아득한 이야기가 아닌 거야. 이게 내 앞에 앉아 있는 사람이 겪은 세상이라고 하니까 정신이 확 들었어.

내가 가끔 인스타그램에 공유하는 남미의 페미니즘 시위 영상을 본 적이 있는지 모르겠어. 시민보편인권마저 낮은 나라에서 일어나는 여성 살인과 여성 대상 범죄의 수치는 아시아와 비교할 수 없을 정도로 높아. 구글에 '남미 여성 살해'를 검색해 보면 알 수 있을 거야. 첫 페이지에 보도된 것만 봐도 남미 안에서 국가와 시기를 막론하고 엄청난 범죄들이 일어나고 있어. 그래서 그런지 남미의 페미니즘 운동은 더욱 격렬한 양상을 보이는 것 같아.

페미니즘이 민주주의의 완성이라고 하지. 민주주의는 사람의 피를 먹고 자라고. 한국의 '#Metoo'와 유사하게 SNS 해시태그를 이용한 아르헨티나 풀뿌리 페미니즘 운동으로 시작해 우리나라에서도 유명해진 구호가 있어.

동전 하나 없이 깨끗한 트레비 분수 본 적 있어? 이 사진은 내가 처음 트레비를 찾았을 때 찍은 건데, 상상과 달리 너무 깨끗해서 당황했거든⋯⋯. 알고 보니 일정한 주기를 두고 동전을 모두 걷어서 기부금으로 쓴대. 내가 갔을 때가 우연히 일반인 출입을 통제하는 낮 시간대여서 저렇게 경찰이 동원되어 있었어. 마음 같아서는 트레비 분수에게라도, 페미니즘이 상식이 되는 사회를 만들어달라고 빌고 싶은 마음이다⋯⋯.

Ni una menos (더 이상 한 명의 여자도 잃을 수 없다)

멕시코, 칠레, 브라질, 우루과이, 페루, 콜롬비아, 파라과이, 아르헨티나에서 가정폭력과 성폭력으로 죽어간 여자들은 내게 더 이상 일면식 없는 남이 아니라고 느껴져. 그 빈도가 다를 뿐 우리나라에서도 페미사이드(여성이라는 이유로 살해당하는 것)는 비슷한 양상으로 일어나고 있으니까.

술 먹고 기분이 나빠서 집에 들어와 여자를 때리고, 이별을 받아들이지 못해서 여자를 죽이고. 폭력과 살인의 유구한 역사가 우리나라 여성들이 겪는 것과 다를 바가 없으니까. 이럴 때마다 여성이라는 이유로 겪는 차별을 공유하는 여성들이 진짜 자매처럼, 더 끈끈하게 느껴지는 것 같아. 여성이 살기 좋은 환경을 만들고, 이런 고민을 할 필요 없는 세상에서 그들과 함께 잘, 오래 살아남고 싶어.

아시아도 유럽도 아닌 다른 대륙의 페미니즘은 생소한 주제일 수 있을 것 같아. 멀리 떨어져 있어도 함께 살아가는 여성들의 이야기는 중요하니까, 한번 생각해 볼 수 있는 기회가 되면 좋겠다! 언어별로 문화권이 다르니 느끼는 것도 조금씩 다를 듯해서 궁금해. 너희도 그곳에서 보거나 느낀 것이 있다면 공유해 줘!

이탈리아에서 돌아온 지 얼마 안 된,

시연으로부터

그 무엇도 설명할 필요나 의무가 없는
세상으로 가자

시연과 영주에게

페미니즘이 상식이 되는 사회라니, 우리나라에는 너무 아득한 이야기다. 여전히 페미니즘을 올바로 알지 못하고 왜곡된 인식이 만연하니 여성들이 더 이상 죽지 않기를 바라는 것조차 너무 큰 바람처럼 느껴져. 아무리 세상이 변하고 있다고 해도 말이야.

이곳에선 페미니즘이 당연한 걸 피부로 체감하게 되지 않아? '충격! 연예인 김 모 양, 페미니스트 공개 선언!' 같은 말은 우스울 정도로 페미니즘은 이미 합의된 사회적 가치잖아. 사람마다 그걸 학문적으로 공부하거나 외부적으로 표현하는 정도만 다를 뿐. 독일인 친구 말로는 학교에서도 정치, 사회, 국어(독일어), 그리고 때로는 영어 같은 과목을 통해 페미니즘이 내포한 가치를 공부하고, 어느 정도는 내면화하게 된다고 하더라고.

그런데 이런 독일에서도 위협받는 페미니즘을 목격한 적이 있었어. 지하철역 곳곳에 '100% 페미니스트 극장'이라는 이름의 공연 홍보 포스터가 붙었었는데, 그중에서도 시내에 해당하는 'Hauptwache(하웁트바헤)' 지하철역에 있는 포스터가 훼손된 거야. 우리가 함께 경험했던 학내 인권 단체나 피해자 개인이 작성한 대자보 훼손이나, 2020년 여름의 신촌 성소수자 혐오 반대 광고 훼손이 겹쳐 보였어. 그런 일은 한국에서나 일어나는 줄 알았는데, 세상은 변화하고 있지만 아직 갈 길이 멀었다는 게 실감 나서 잠시 내가 딛고 있는 모든 땅이 나를 밀어내고 부정하는 것처럼 느껴졌어.

동시에 궁금했어. '페미니즘 극장'이 얼마나 대단히 위협적이길래

손수 포스터를 찢는 정성까지 보일까? 한국에서는 보고 싶어도 쉽게 볼 수 없는 성격의 공연이기도 하니 꼭 봐야겠다는 굳은 결심이 드는 동시에, '페미니즘 극장'이라는 용어의 진입장벽이 높아서 아무도 없으면 어떡하나 하는 걱정도 되었어. 일단 호기롭게 예매 사이트에 들어갔는데, 내 예상과는 다르게 가까운 날짜는 이미 다 매진됐더라고. 선택권이 없어서 마지막 남은 공연의 표를 끊었어.

공연 날짜가 다가오니까 또 그런 생각이 들었어. '우리나라의 페미니즘 시위 행사나 퀴어 퍼레이드처럼 혐오 세력이 진을 치고 있는 것은 아닐까?' 이런 행사에 참여하는 소수자라면 한 번씩은 상상하게 되는 두려운 상황이 있잖아. 일단 여름에 있었던 프랑크푸르트 퀴어 페스티벌에선 아무 문제가 없었으므로 걱정을 내려두고 집을 나섰어.

놀랍게도 티켓 확인부터 장내 입장 후 착석까지, 다른 극장과 두드러지는 차이점은 전혀 없었어. 나의 편견에 근거하여 외적으로 드러나는 지정 성별을 함부로 판단해 봤을 때 직원도, 관객도 모두 1:1 정도의 성비였어. 100명 남짓의 사람들을 수용할 수 있는 소극장 가운데 열, 가운데 자리에 앉아 어떤 공연일지를 상상하며 떨리는 마음으로 조명이 들어오길 기다렸지.

공연은 악기 연주와 노래, 텍스트로 이루어진 1인 스토리텔링 형식이었어. 머리를 반삭으로 민 여성이 긴 머리 가발을 쓴 채로 1부를 진행하고, 2부는 평범한 외모를 가진 남성이 이야기를 진행하다 합창으로 마무리되었어. 나중에 팸플릿을 읽어보니 그 합창단은 스스로를 '여성'으로 정체화한 사람들로 구성되어 있다고 하더라. 1부와 2부에서 이어지고 반복되는 메시지가 인상적이었는데, 1부 여성의 '우리는 남성이 진정으로 누구인지를 모를 때 그들을 사랑한다고 말한다'라는 문장이 2부 남성의 '여성은 우리가 진정으로 누구인지를 모를 때 우리를 사랑한다고 말한다'로 연결되었어. 심지어 남성 관객이 반인데, 남성이 위협이 되는 지점들을 풀어놓는 공연이 이토록 별 탈 없이 이뤄질 수 있다니, 생경한 경험이었어.

공연을 기다리며 일행과 그런 얘기를 했거든. 우리나라였으면 일단 이러한 공연 목적으로 극장 대관이 어려울지도 모르고, 극장 대관에 성공한다고 해도 공연 취소를 요구하는 청와대 국민청원이 올라올지도 모르고, 또 성황리에 공연이 열린다고 해도 당일 현장에서 어떤 위협이 있을지 모른다고. 우스갯소리처럼 한 말이지만 실은 기분이 정말 씁쓸했어. 우리는 이 모든 번거로움과 어려움을 감수해야 비로소 안전지대에 공연과 관객이 공존할 수 있는데, 이 모든 일련의 과정들이 자연스

럽다는 게 부러웠어. 물론 그 안에 내가 모르는 어떠한 형태의 투쟁이
전제되었겠지만 말이야.

독일에서는 페미니즘만큼이나 퀴어에 대한 연대도 이미 하나의 문
화라고 했었지? 하지만 한낮의 여름날, 무덥다기보단 칙칙했던 독일의
퀴어 퍼레이드는 정말 실망스러웠어. 내 생애 가장 재미없는 퀴어 퍼레
이드였거든. 퀴어 퍼레이드가 이토록 재미없을 수 있다는 걸 처음 알았
어. 굿즈나 이벤트 행사도 하나 없이, 〈Born this way〉 외에는 하나도
모르는 팝송들과 스피치, 엄청난 인파의 행렬로만 이루어진 이 행사에
서 재미 포인트는 깃을 뽐내는 공작마냥 화려하게 치장한 사람들과 애
정 행각을 과시하던 퀴어 커플 구경뿐이었어.

자긍심의 달과 관련한 무지개 광고는 장장 한 달을 넘게 해서 나를
설레게 하고선 이렇게 노잼인 행사를 주다니. 잔뜩 실망한 나에게 친구
샤리가 옆에서 그러더라. 원래 civilized(문명화된)한 나라일수록 이런
행사가 재미없다고. 그 말을 듣고 곰곰 생각해 보니 독일은 퀴어에 대
한 지지가 충분하다고는 할 수 없더라도 대부분 합의된 가치로서 자리
한 나라더라고. 도시의 주요 거점마다 무지개가 걸리고, 지하철도 무지
개색으로 바뀌고, 기업은 앞다투어 레인보우 에디션 상품을 출시하고,

가게 주인들은 저마다 무지개색으로 가게를 치장하고, 개인은 만반의 준비를 해서 행사에 참여하는 것처럼 말이야. 그렇게 생각하니 퀴어 퍼레이드 자체에 힘이 덜 들어간 것도 조금은 이해가 갔어.

하루는 니키와 니키 여자 친구가 시내에 있는 레즈비언 바에 같이 가보자고 제안했어. 유럽에서 가장 역사 깊은 레즈비언 바가 프랑크푸르트에 있다는 거야. 이곳의 퀴어 바는 거의 다 남녀 구분 없이 운영돼서 비퀴어 바와의 경계가 크게 없잖아. 근데 유럽의 여성 전용 레즈비언 바라니까 너무 흥미로운 거야. 당연히 가겠다고 했지.

이곳에서는 특별한 날을 제외하고는 아무도 꾸밈 노동에 진심이지 않으니까, 나도 옷차림이나 화장을 덜어내게 되잖아. 이날도 손에 잡히는 대로 통이 넓어 펄럭이는 민소매 원피스를 입고, 화장기 없는 얼굴 그대로 기숙사 아래층으로 내려갔어. 근데 친구들이 그대로 갈 거냐며, 레즈비언 바에 대한 예의를 지키라고 핀잔을 주는 거야. 이때까지만 해도 대체 얼마나 대단한 곳으로 날 네려가려는 건가 싶었지. 내가 독일 레즈비언 바를 너무 과소평가했나 싶어서 옷장에서 가장 격식 있는 까만 원피스를 차려입고, 립스틱도 한 번 바른 뒤 다시 길을 나섰어.

세계에 현존하는 가장 오래된 레즈비언 바

　그렇게 간 바는 정말, 엄청나게, 모든 부사를 다 갖다 붙여도 표현하기 어려울 정도로 오래된 바였어. 빨갛고 파란 정도가 아닌 시뻘겋고 시퍼런 조명, 오픈 시점인 1971년도부터 벽을 빼곡히 메운 흑백 사진들까지. 들어가자마자 이 바의 위엄 있는 역사에 크게 위축될 정도였어. 나중에 알고 보니까 정말로 세계에 현존하는 가장 오래된 레즈비언 바라고 하더라고.

바가 오픈한 1971년에 촬영된 사진

　　겨우 조명과 사신 같은 인테리어로 위압감을 느꼈냐고? 손님 평균 연령대가 우리 할머니 나이대와 비슷해 보였다면 분위기가 상상이 될까? 심지어 가장 큰 테이블을 빌려 생일 파티를 하고 계셨는데, 환갑잔치 내지는 칠순잔치가 아닐까 싶을 정도였어. 우리가 여기 올 생각을 했다는 것부터가 송구스럽다가, 오기 직전 무엇을 위해 이렇게 챙겨 입은 건가 싶어서 잠시 현타도 왔어. 콜라비어를 두 잔 정도 시켜 마시는 동안, 함께 간 친구들과 앞으로 몇십 년은 우려서 풀 수 있는 이야기라며 깔깔 웃었어. 우리 적어도 40년 후에 다시 오자는, 지킬 수 있을지 모를 약속과 함께 말이야.

　돌아가는 길에 다시 되새기니, 오늘 겪은 일이 그저 웃고 넘어갈 이야기로만 남지는 않았어. 레즈비언 할머니들의 아주 작은 공동체의 실체를 내 눈으로 확인하고, 심지어 그 한가운데에서 현장을 경험하고 온 거잖아. 그 전에는 감히 있을 거라고 장담하거나 상상하지 못했을 다양한 미래 중 하나를 말이야. 내가 그러한 여성 타운을 하나의 가능성으로 고려할 수 있게 되었다는 점에서도 의의가 있겠지만, 언젠가 내 주변의 누군가 정상 가족에서 벗어난 가족 형태를 선택하는 기로에서 막막해할 때, 내가 그런 세상이 실제로 존재한다고 증언할 수도 있을 거야. 네가 선택한 길에는, 실제로 이런 선배 여성들이 함께하였다고 말이야. 그렇게 생각하니 오늘의 경험이 민망한 콜라비어 두 잔과는 맞바꿀 수 없을 만큼 귀하고 값지게 느껴졌어.

　퀴어 퍼레이드가 아무런 재미를 주지 못해도, 페미니즘 행사를 여는 과정 자체가 전혀 다이내믹하거나 치열하지 않아도 좋아. 잘못 들어선 레즈비언 바에서 초대받지 못한 손님 같은 기분도 다 좋으니까, 그런 세상이 왔으면 좋겠어. 이 모든 게 낯설 만큼 수월하길 바라. 그 무엇도 설명할 필요나 의무가 없을 정도로 말이야!

이 편지를 쓰다 너희가 보고 싶어진,

연지가

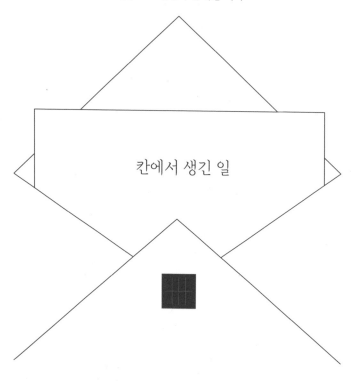

칸에서 생긴 일

늘 생각이 깊은 시연과 연지에게

시연이가 들려준 콜롬비아 경찰 이야기와 연지의 레즈비언 바 이야기 잘 읽었어. 오늘은 두 편지를 읽으면서 떠오른 영화 한 편을 소개할게. 올해 칸 영화제에서 관람한 작품인데 시시콜콜(?)한 일상을 보내는 레즈비언 커플과 무자비하게 폭력을 휘두르는 경찰이 등장해. 왜 이 영화가 떠올랐는지 알겠지?

영화 〈La fracture(균열)〉는 사회성 짙은 코미디야. 소란스럽게 지나가는 대사 사이로 사회 배경과 언어유희를 동시에 이해해야 했지. 프랑스어 음성에 영어 자막으로 관람한 터라 여간 어려운 일이 아니었어. 내가 이해한 바가 맞다면 영화는 두 가지 균열을 병렬적으로 보여줘. 하나는 레즈비언 커플의 갈등, 다른 하나는 노란 조끼 시위대와 경찰, 나아가 에마뉘엘 마크롱 대통령 사이의 대립이야.

뼛속까지 한국인인 나에게는 두 균열 모두 신선한 충격이었어. 태어나서 처음 보는 장면이었기 때문이야. 현실에서는 물론 미디어에서도 레즈비언 커플의 사랑싸움은 보기 드물지 않아? 대차게 말싸움하다 홧김에 헤어지고, 화난 채로 걷다가 팔이 부러지고, 제발 병문안 와달라고 울고불고하다가, 언제 다퉜냐는 듯 다시 알콩달콩하고. 지금껏 퀴어 영화를 종종 감상해 왔지만 이렇게 충실한 감정 표현과 사실적 서사 기술은 처음이었어. (혹시 내가 놓친 재미난 작품이 있다면 추천해 줘!)

시위 장면도 마찬가지야. 나는 한국 정도면 정치적 의사 표명에 적극적인 나라라고 생각했거든. 수요집회, 혜화역 시위, 강남역 시위 등

귀에 익은 시위가 많을뿐더러 시위로 대통령까지 쫓아낸 나라잖아. 토요일마다 광화문 인근에서 봉사하던 시기에는 매주 태극기부대와 마주쳤어. 하루는 서울뮤직페스티벌 일정과 겹쳐서 "문재인!" 외침과 시끌벅적한 케이팝 리듬이 공존하곤 했어. 지금 생각해도 기이한 광경이다.

이러한 이유로 시위라는 단어를 들었을 때 엄숙한 분위기를 연상하지 못했어. 그래서 충격이 배가됐다고 생각해. 물론 프랑스 시위가 대단하다는 사실은 익히 들어 알고 있었지. 팬데믹 전까지만 해도 파리를 여행할 때 시위로 교통이 마비되는 일이 흔했잖아. 발이 묶였다며 칭얼거리는 SNS 글을 자주 봤거든.

영화에서 재현한 프랑스 시위 모습은 상상 그 이상이었어. '카오스' 그 자체였지. 몸싸움은 당연하고 도로에 널린 모든 물건이 무기가 되더라. 더군다나 21세기에, 선진국이라 불리는 나라에서 최루탄이 쓰일 줄은 꿈에도 상상하지 못했어. 부끄러운 말이지만 나에게 최루탄이란 역사 교과서 근현대사 챕터에서나 보던 단어였거든. 부상당한 시위자가 치료받지 못하게 경찰이 병원 문을 막는 대목에서는 프랑스 정부가 악마처럼 느껴지더라. 평소에 마크롱 대통령을 긍정적으로 바라보는 편이었는데도 말이야.

내가 휘궈에 얼마나 진심인지 말했던가. 영화 속에서 크게 시위가 있었던 'Place de la République'는 여러 휘궈 가게가 옹기종기 위치한 곳이야. 칸에 다녀온 이후에는 이 광장을 지날 때마다 숙연해지곤 해. 이 땅에서 살기 위한 저항이 있었다는 사실을 알아버렸기 때문이겠지?

노파심에 말하지만 내 안위까지 걱정할 필요는 없어! 간혹 시위 때문에 지하철이 먹통일 때면 지상에서 무시무시한 일이 벌어지지 않았을까 상상력을 발휘하긴 하지만 최근에는 이만큼 폭력적인 시위는 없었던 것 같아. 몇 차례 마주한 보건패스 반대 시위는 다행히 행진하거나 연설하고 끝을 맺더라고. "Dis-moi, Macron !(마크롱, 나에게 말해라!)" 마크롱 대통령에게 자꾸 뭔가를 말하라고 요구하는데 아직까지 프랑스어가 짧아서 제대로 알아듣진 못했어.

프랑스를 한층 깊이 이해할 수 있게 도와준 카트린 코르시니 감독에게 이 자리를 빌려 감사 인사를 전하고 싶어. 또 이 영화를 볼 수 있게끔 칸 영화제 지원 과정을 도와준 친구야, 고맙다!

나는 '3 jours à Cannes(칸에서의 3일)' 절차로 승인을 받아서 칸에
갈 수 있었어. 이 과정에 지원하려면 지원 동기를 담은 커버 레터가 필
요했어. 미디어 전공을 공부하고, 평창동계올림픽 당시 영상 분야에
서 일했고, 프랑스 영화, 특히 레즈비언을 다룬 영화가 기억에 남는다
고 적었어. 실제로 이제껏 본 프랑스 영화는 〈캐롤(Carol)〉, 〈가장 따뜻
한 색, 블루(La Vie d'Adèle)〉, 〈타오르는 여인의 초상(Portrait de la Jeune
Fille en Feu)〉 등이었는데 공교롭게도 모두 레즈비언이 등장했더라고.

거절당할까 불안한 마음에 이 커버 레터가 프랑스인 시각에서 어떻
게 읽힐지 무척 궁금했어. 그도 그럴 것이 2020년에는 팬데믹으로 영
화제가 취소돼서 당해 신청자가 우선인 데다 선착순으로 승인을 준다
는 소문이 있어서 거절 확률이 컸거든. 하루 남기고 헐레벌떡 접수한
신청서였지만 흔쾌히 커버 레터를 읽고 피드백을 준 친구 덕분에 승인
을 받을 수 있었어.

친구의 피드백 중 '한국인에게 가졌던 편견이 깨졌다'는 내용이 이
편지를 쓰는 지금까지도 떠오르네. 친구는 내가 퀴어 이슈에 열려 있어
서 한편으로는 놀랐고 한편으로는 반가웠다고 했어. 한국인은 대체로
퀴어에 부정적 인식을 가지고 있다고 생각했대.

친구가 태어나기 훨씬 전부터 프랑스에서는 동성결혼이 가능했어. 또 지금은 본인을 게이나 레즈비언이라고 소개하는 사람을 쉽게 만날 수 있어. 실제로 연예인, 정치인 등 유명인 중에서도 공개적으로 커밍아웃한 사람이 많아. 동성결혼도, 생활동반자관계도, 무엇보다 차별금지법도 없는 나라에서 온 먼 나라 이웃 나라 친구가 꽉 막혔다고 생각할 법하지.

독일과 스페인에는 한국을 두고 좋든 나쁘든 선입견을 가진 사람이 많은지, 아니면 한국은 그저 대륙 변방에 붙은 작은 나라에 불과한지 궁금하다. 이 친구 말고도 내 주변 친구들은 한국에 관심이 있는 편이었어. 드라마나 케이팝은 물론이고 칸 영화제에서는 봉준호를 비롯한 한국 감독의 영화를 즐겨 본다는 사람도 만났어. 〈오징어 게임〉은 한국인인 내가 오히려 늦게 따라간 편이고.

그럼에도 아직까지 갈 길이 멀다고 생각해. 국적을 물어보는 상황이 있을 때면 이런 레퍼토리가 흔했어.

"중국인이야?"

"아니."

"그럼 일본인?"

"아니."

"그럼 어디야?"

끝까지 한국은 나오지 않아서 씁쓸했던 적이 한두 번이 아니야.

한류라는 게, 노력한다고 되는 일은 아니지만 한국이 세계에서 유명해질수록 외국에 나와 사는 사람에게 득인 건 사실이잖아. 앞으로 더 좋은 소식을 기대해 보자. 언젠가 우리가 그 소식의 주인공이 돼도 좋고!

뜨거웠던 여름날을 그리워하며,

영주가

칸 영화제 전경이야. 봄볕 아래서 영화제를 열던 예년과 달리 한여름에 영화제가 열려 휴양지 느낌이 났어.

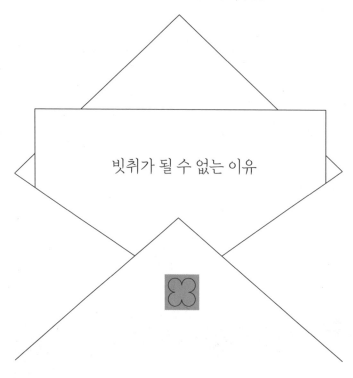

사랑을, 연애를, 우정을, 그리고 이해를

빗취가 될 수 없는 이유

늘 더 많은 이야기를 듣고 싶게 하는

연지와 영주에게

칸 영화제에서 겪은 일이라니! 제목부터 설렜고, 내용은 더 재미있

게 읽었어. 프랑스에 산다고 모두 칸에 가는 건 아니잖아(내가 부산 출신

이지만 부산국제영화제에 한 번도 가본 적 없듯이……). 신청 절차가 그렇게 까

다로운 줄도 몰랐네. 영주가 영상에 조예가 깊어서 더 인상적인 경험이었을 것 같아.

말한 대로 우리는 〈오징어 게임〉이 유럽에서 선풍적인 인기를 끄는 지금 여기에 와 있잖아. 〈기생충〉과 BTS로 한국을 소개할 수 있어서 편할 때도 있지만, 그렇게 내 국적을 설명해도 결국 내가 그 동양 변방의 작은 나라에서 온 여자 정도로, 한정적으로 인식되는 게 피부로 느껴져서 자주 허탈해져.

영주랑 그런 대화를 한 적이 있어. 둘 다 경상도 출신이라서, 왜 서울로 온 경상도 여자들은 대개 표준어를 빨리 익히는지에 대해 얘기했었거든. 우리의 결론은 '경상도 여자로 낙인찍히면 피곤한 일들이 자꾸 생기니까'였어. 처음 만난 사람 앞에서 사투리로 말문을 트면, 이제 그 사람은 나를 나로 보는 게 아니라 '경상도 출신 여자'로 보는 거야. 그래서 애교 있는 사투리를 보여달라든가 하는 얼토당토않은 요청을 받게 되고, 이야기 주제가 자꾸 내 고향에 대한 것들로만 흘러가니까 그게 싫었던 거지. 처음 보는 사람에게 문의를 하거나 택시를 탈 때, 가는 말씨가 사투리면 타지 사람인 걸 눈치채고 상대가 나를 얕잡아 보거나 내가 얻는 불이익들이 있었어. 그래서 빨리 이방인티를 벗고 싶었나 봐.

하지만 유럽에서는 벗고 싶다고 벗을 수 있는 게 아니지. 우리는 누가 봐도 동양인의 얼굴을 하고 있으니까!(^^) 그래서 참 힘든 것 같아. 서양을 잠깐 여행으로 지나쳐 가는 것과, 얼마간 거주하면서 이 사람들이 보기에 나는 외계인이라는 감각을 안고 매일을 살아가는 건 다르니까. 나는 동양인이 거의 없는 소도시에 있을뿐더러 중국, 일본도 아닌 동양의 제3 국가에서 왔으니까 현지인들이 나를 더 생소하게 보는 것 같더라고.

타지 사람들이 경상도 여자에게 기대하는 바가 있듯이, 서양 사람들도 동양 여자에 대해 특정한 이미지를 씌우려고 하지. 그걸 우린 '아시안 피버'라고 부르잖아(같은 맥락에서 나는 한국인들이 '경상도 피버'를 갖고 있다 해도 할 말 없다고 생각해). 다른 인종차별도 숱하게 겪었지만, 내게는 아시안 피버가 가장 회의적으로 다가왔어.

내가 사랑으로 가득 찬 사람인 것을 너희는 익히 알고 있잖니. 서양에서라고 다르겠어? 오히려 내가 이제껏 만나보지 못한 사람들을 만나서 어떤 사랑을 하게 될지 궁금했어. 내 교환학생 생활의 목표 중 하나였다고 말할 수 있을 정도로, 내 데이팅 사업은 만반의 준비가 되어 있었어.

모든 계획이 완성된 내 발목을 잡은 건, 예상했겠지만 아시안 피버야. 며칠 전에도 이런 얘기를 나누다가 한 스페인 친구가 그러더라고. "넌 동양인이니까 누구를 만났어도 진작 만났을 줄 알았어. 동양 여자는 여기서 남자 만나기 너무 쉽잖아." 무례한 말인데도 잘 인지를 못하더라. 왜 동양인 여자가 서양에서 인기가 많은지 생각해 본 적 없으니까, 서양인인 본인은 생각할 필요조차 없는 문제니까 그렇게 말했겠지.

뭐, 데이트야 많이 했어. 근데 놀랍도록 일관적으로, 그들은 나를 '시연'이라는 사람이 아니라 '동양에서 온 여자'로만 보더라. '나'에 대해서 이야기하는 게 아니라 내 나라와 동서양의 문화에 대해서만 이야기하고 있으니까 본질을 못 짚고 빙빙 도는 기분이었어. 중요한 건 그게 아닌데.

나라는 사람보다 나를 구성하는 정체성에 더 주목하고 있는 거고, 결국 얘가 관심 있는 것도 내가 아니라 '동양인 여자'인 거니까. 그걸 와닿게 느끼는 순간 역겨워져서 더 이상 대화도 만남도 지속하고 싶지 않았어. 정확하게 알지도 못하는 중국과 일본의 문화를 들이밀면서 '이게 너희 나라 거지?' 하고 보여주는데 표정 관리가 안 되더라고. 동양을 얼마나 평면적으로, 납작하게 보고 있으면 본인이 틀릴 수 있다는 의심도 없이, 내가 기분 나빠 할 수 있다는 고려도 없이 확신에 차서 대화를 이어갈 수 있는지⋯⋯. 그런 이유로 요샌 데이팅에도 별 흥미가 없어.

아, 여기에서 만난 한국인들이랑 얘기를 하면서도 갈리는 지점이 하나 있더라. 외국인들은 살면서 쌓아온 기반 자체가 한국인과는 다르니까 같은 인풋에서 산출되는 아웃풋도 엄청 달라서 그걸 버거워하는 사람이 있는가 하면, 재밌게 여기는 사람도 있는 것 같아. 생각하는 방식이 달라서 오히려 외국인 만나는 걸 좋아하는 사람도 있고, 너무 다르니까 피곤하다면서 그래도 관계를 형성하기엔 한국인이 낫다는 사람도 있더라고. 생각해 보면 우리가 이런 얘기는 나눠본 적이 없는 것 같아. 너희는 어떤 쪽일지 궁금해지네.

국적이 다양한 사람들 간에 서로 다른 토대 중 하나가 연애관이지. 보통 서양 사람들은 자유분방할 거라고 생각하지만, 모두 그런 것도 아니잖아. '사람 바이 사람'인 것 같아. 다만 여러 사람과 데이트하는 게 한국에 비해서는 좀 더 보편적이고, 좀 더 쉽게 '그럴 수도 있는' 것으로 취급된다고 느껴. 하지만 여전히 유럽에서도, 적어도 스페인에서는

1:1 독점 관계가 보편적이야. 물론 여러 사람과 자유롭게 만나는 사람도 심심치 않게 있더라고. 특히나 우리는 교환학생들과 교류가 많으니까 그런 경우가 더 자주 보이는 것 같아.

이 관계도 참 재미있다고 생각한 게, 우리야 동양에서 거의 하루에 가까운 시간을 비행해서 이곳에 온 거지만 다른 유럽 친구들은 크리스마스에 본가에 갔다 온다고들 할 정도니까 그렇게 멀리 온 것도 아니란 말이지. 우리나라 사람들이 동남아 여행을 비교적 가볍게 생각하는 것처럼, 그 정도 거리감인 거니까. 그런 이유로 유럽 내에서 교환학생, 에라스무스라고 부르는 이 제도가 아주 보편화되어 있나 보더라고. 지금 나랑 같은 학교에서 에라스무스를 하는 친구들도 프로그램이 다 달라서 3개월짜리부터 6개월, 1년까지 코스가 다양해. 하고 싶은 말은, 그래서 에라스무스 사이에서는 일시적인 관계가 더 자주 보인다는 거야.

사실 우리뿐만 아니라 이들도 한 학기 쉬어 가려고 온 친구들이 많아서, 학기 중에도 클럽에서 놀거나 저녁에 타파스 바에서 맥주 마시는 게 거의 일상의 전부야. 그러니까 눈 맞기가 굉장히 용이(?)하고, 시끌벅적한 클럽에서 둘이 손잡고 나가서 쓱 사라지는 경우도 다반사지.

언젠가 사랑하는 사람과 다시 찾고 싶은 여행지를 꼽으라면 포르투갈일 거야. 〈종이의 집〉 얘기를 자꾸 하게 되는데, 거기서 강도를 성공적으로 끝낸 후에 주인공 커플이 오토바이를 타고 스페인과 국경이 맞닿은 포르투갈로 넘어가는 사랑의 도피를 하거든. 그 후로 쭉, 포르투갈은 내게 낭만의 나라야. 포르투갈 여행 내내 최고의 모델이 되어준 연지에게 이 자리를 빌려 고마움을 전해!

그런데 사람따라 다른 게, 어떤 독일 친구는 본국에 있는 애인을 파견지까지 데려와서 같이 지내고 술자리에서 애인이 있으니 민망한 벌칙은 못 하겠다고 정중하게 말하기도 하더라고.

내 얘기부터 친구들 사례까지, 이번 편지에서는 별 얘길 다 했네. 내가 풀어놓은 이야기를 읽으며 떠오른 얘기가 있다면 또 들려주길 바라. 특히 프랑스엔 생활동반자 제도도 있으니까 연애에서 나아간 사람들의 생활 양식이 또 어떻게 같고 다를지 궁금하다. 기다리고 있을게!

그럼에도 불구하고 사랑으로 충만한,

시연이가

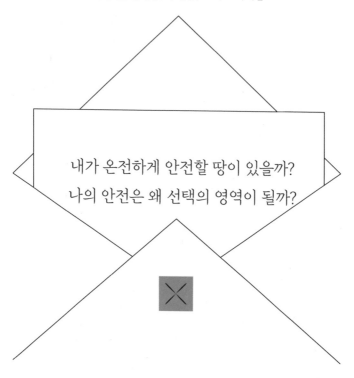

사랑을, 연애를, 우정을, 그리고 이해를

내가 온전하게 안전할 땅이 있을까?
나의 안전은 왜 선택의 영역이 될까?

안전하고 편안한 하루를 빌며,
시연과 영주에게

시연이의 사랑 이야기 잘 읽었어. 시연이의 삶에서 김치찌개와 사랑
은 빼놓고 말할 수 없는 것들이잖아. 새삼 포르투갈에서 사랑 이야기를
하며 열변을 토하던 시연이의 모습이 그려져 나도 앨범을 뒤적이며 그

때를 되새기고 있어.

　시연이 편지에서 특정 인종만을 편애하는 것도 차별이라는 점이 명확하게 읽혀서 좋았어. 외국인과 한국인 중 어떤 사람과 주로 관계를 형성하냐는 질문에도 찬찬히 고민해 봤는데, 곧장 답이 떠오르지는 않네. 일반화할 수는 없겠지만, 외국인 친구들 대부분의 장점이자 단점이 마음 따라 산다는 거잖아. 내가 따라잡지 못할 만큼 쉽게 즉흥적이 되기도 하고. 그렇다고 여기까지 와서 한국인 친구만 만나고 싶지는 않기도 해. 특히 이곳의 한국인 공동체는 풀이 넓지 않기도 하니까 더 조심스러워지나 봐.

　외국인 친구를 마음 놓고 사귀지 못하는 이유에는 인종차별도 자리하고 있어. 독일에 거주하는 나는 '니하오'에는 '봉주르'로, '시에시에'에는 '메르시 보쿠'로 대처하는 편이지만, 니하오와 칭챙총보다 피하고 싶은 상황은 은은한 인종차별이야. 즉각적으로 항의하기에는 뭣한 사소하고 미묘한 인종차별 있잖아. 국제학생 모임에서 미묘하게 인종 간 위계가 느껴질 때, 동양인의 이름만 발음하지 못하겠다며 영어 이름을 요구할 때, 먼저 주문한 내 음료가 가장 늦게 나올 때, 외국인 친구가 나에게만 말을 걸지 않을 때, 모든 아시안을 한 국가마냥 퉁쳐버릴 때처럼.

이 모든 상황이 특히 더 불쾌한 이유는, 닥친 상황에서 곧장 외국어로 반격하지 못한 스스로에 대한 불쾌감과 더불어 타인의 언사나 행동이 인종차별에서 비롯된 것이 맞는지에 대한 자문, 그리고 내가 예민한 것은 아닌지에 대한 자기검열을 수반하기 때문일 거야. 매 순간 일상적으로 발생하는 일이 인종차별인지 스스로 묻고 판단해야 하기 때문에 자연스레 신경도 곤두서게 되고.

한 수업에서는 첫 시간에 줄줄이 들어오는 아이들을 환영하며 일일이 이름을 묻던 교수가 내 이름만 묻지 않았어. 이런 일마다 일희일비하다가는 유럽살이가 좌절로 가득 찰 테니 대수롭지 않게 생각하고 넘겼지. 그 교수는 다음 시간이 돼서야 나를 가리키며 물었어. "Also, wie heißen Sie?(그래서, 너 이름이 뭐라고?)" 드디어 내 이름에 흥미가 생겼나, 커진 콧구멍을 드릉거리며 답했어. "Ich heiße Yeon!(제 이름은 연이에요!)"

그러자 교수가 한 말은 다음과 같았어. "그래, 네 이름은 발음하기 어려워서 내가 할 수 있을지 모르겠다. 한번 연습해 보마. 너 Kim이 어디 있는지 아니?" 교수는 나에게 다른 한국인의 행방을 묻기 위해 밑

밥을 깐 거였어. 내가 그 한국인 언니와는 아무런 연고도 없었음에도 말이야.

교수의 무례한 행동은 이곳에서 보내는 시간과 비례하게 쌓였어. 모두가 돌아가면서 한 문단 또는 여러 문장을 읽을 때 나는 한 문장 이하, 몇 단어의 분량에서 그치게 한다거나, 나를 부를 때 'die Nachbarin von Emma(엠마 옆 사람)'라고 부른다거나, 동아시아 학생들을 그룹으로 묶어 한 문화권으로 지칭하는 것처럼 말이야.

나를 맥 빠지게 만든 건 교수뿐만이 아니었어. 내가 이 일에 대해서 이야기하면, 한국인 친구들은 함께 분노하는 반면 서양인 친구들은 나를 타일렀어. 그건 인종차별은 아니었을 거야, 학생 개개인에 대한 선호도 차이일 수는 있겠지만 네가 동양인이라는 이유로 그러지는 않았을 거야, 동양에 대해 뭐라도 안다고 말하고 싶은 친밀감의 표시였을 거야…….

물론 이 친구들의 말이 맞을 수도 있겠지(과연 그럴까?). 하지만 문제는 이런 일을 맞닥뜨릴 때마다 내가 올바로 판단하고 있는지에 대한 의심을 키우게 된다는 거야. 나는 타협하는 일에 지쳐 나의 모서리를 뾰족하게 깎아나가게 되었어. 인종차별을 절대 당하지 않겠다는 예민

한 신경과 이 사람은 또 어떨지 모른다는 의심으로 새로운 관계를 시
작하기가 쉽지 않더라고.

이 외에도 첫 시간에 나를 중국인으로 낙인찍는 교수님, 두 명이 두
메뉴를 주문했는데 커틀러리 한 세트만 제공하고는 하나를 더 받으려
면 1유로의 서비스 차지를 지불하라던 식당, 내 눈만 마주 보지 않고
대화하는 외국인 친구도 있었어. 그 외에도 나를 쫓아오며 말을 건다거
나, 큰 행동과 소리로 위협하는 유형의 인종차별도 물론 발생하고.

하지만 내가 참지 않는 거, 너희는 알지? 교수님들은 학교 사무실에
신고했고 식당에는 최악의 구글 평점과 리뷰를 남겼어. 외국인 친구들
은 '내가 먼저 필요로 하지 않는다!' 하는 마인드로 더 이상 가까워지
지 않았어. 아니어도 만날 친구는 많으니까. 나름의 소심한 복수랄까?
그래도 이런 일이 되풀이될 때마다 내가 여기서 평생을 살아도 결국
외국인일 거라는 사실이 계속해서 각인되는 기분이야.

내가 처음 유럽살이를 결심할 때에는 '여성'이라는 정체성의 안전
을 '아시안'으로 맞바꿔야 한다는 사실을 알지 못했어. 한국에 사는 여
성으로서 예외 없이 품고 살아야 하는 무력감과 불안함, 일상적인 혐오

의 총량이 유럽에서 아시안이라는 지위가 주는 위협과 비슷하지 않을까. 어떤 순간에는 '여성'으로 한정되던 물리적 위협이 여기서는 '아시안 여성'으로 한층 확장된 것 같기도 해. 내가 온전하게 안전할 땅이 있을까? 나의 안전은 왜 선택의 영역이 될까?

물론 어디든 친절한 사람들은 있었고, 따지고 보면 좋은 인상으로 기억하는 외국인이 더 많아. 내 편지에 종종 언급되는 샤리와 니키를 기억하려나? 샤리는 전반적인 인권과 소수자 문제에 눈이 밝아 좋은 토론 상대가 돼. 가끔은 인종차별에 대해 내가 온전히 설명하지 못하는 나의 주장을 대변해 주기도 하고, 내 귀에다 대고 갑자기 '자니?', '여보세요!'라고 소리치며 어디서 야금야금 배워온 한국어를 귀엽게 자랑하기도 해. 내 텐션이 어떤 지점으로든 극단으로 치우칠 때 직접 만든 팬케이크와 네잎클로버로 하루를 더 소중하게 만들어줘.

니키는 퀴어 이슈에 대해 이야기할 수 있는 좋은 파트너야. 즉흥의 끝을 달리는 편이라 언제 뭘 하고 싶다고 할지 모르고 뜬금없고도 파격적인 제안을 자주 해. 내가 샤워를 하루에 한 번 한다는 걸 안 이후로 24시간 관찰 카메라처럼 내가 정말 매일 샤워를 하나 지켜보는 모습이 정말 웃겼어. 본인 자체도 굉장히 도전적인 편인데, 나 역시 어떤 일이

이 땅의 사람들로 인해 미진히 불쾌했고 쉴새없이 유쾌했기를 진심으로 바라.

든 할 수 있다고 자주 용기를 북돋아 줘.

막막한 타지에서도 국적에 대한 편견 없이 나라는 사람 자체로 대하는 친구들이 분명 있어. 샤리와 니키는 몇 년에 한 번이라도 오래 연락하고 만날 관계로 남은, 내 1년의 해외 생활이 남긴 큰 자산이야. 너희와 주고받는 이 대화가 나에게 가지는 의미만큼 말이야!

너희가 이 땅의 사람들로 인해 미진히 불쾌했고 쉴 새 없이 유쾌했기를 진심으로 바라.

P.S. 여름 학기에는 못 해도 일주일에 한 번씩은 니키와 샤리를 포함한 친한 친구들과 브런치를 차려 먹곤 했어. 지금은 둘 다 다른 곳에 살게 되어 그럴 수 없기에 독일의 여름이 그리워지기도 해!

한국도 유럽도 아닌 제3의 국가가 필요한,

연지가

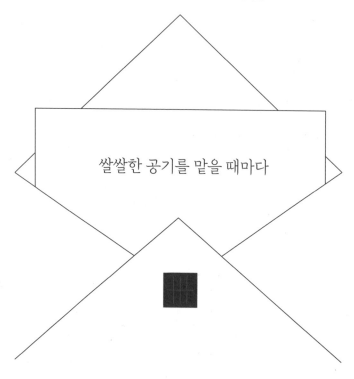

사랑을, 연애를, 우정을, 그리고 이해를

쌀쌀한 공기를 맡을 때마다

그리운 시연이와 연지에게

　연애 이야기를 들으니까 마음이 따듯해진다. 점점 춥고 습해지는 요
즘 날씨에 필요한 편지였어. 프랑스의 겨울은 뼈가 시리도록 춥다더니
11월 중순부터 찬바람이 불어. 영 미덥지 않은 라디에이터를 응원해
주려고 늘 중문을 닫고 있어. 우리 집은 복도가 예쁜데…… 아쉽다. 날

씨도 엉망진창이야. 회색 하늘이 언제쯤 끝날지 모르겠어. 따뜻한 라테
와 달콤한 디저트로 기분을 달래는 데도 한계가 있는데.

그나저나 다들 230V의 무시무시함을 알고 있니? 한국에서 비장한
마음으로 사 온 전기장판이 며칠 전에 완전히 고장 나버렸어. 사실 이
상한 낌새는 쭉 있었어. 가장 낮은 온도로 설정해도 온돌 아랫목만큼
뜨거웠거든. 덕분에 이불 한 면이 노랗게 익어버렸어. 그래도 가성비 좋
다고만 생각하고 위기의식을 못 느꼈는데 어느 순간 전원이 안 들어오
더라. 전기장판을 고압 전류에 오랫동안 강하게 키웠더니 내부 회로에
문제가 생긴 모양이야. 전자 전기 분야에 문외한이어서 잘은 모르겠다.
아무리 그래도 전압의 중요성을 깨닫는 데 너무 큰 비용을 지불하지
않았나 싶어. 나처럼 겨울철 '호크룩스'를 잃고 싶지 않다면 너희도 조
심해!

매년 날이 싸늘해지면 '그때' 생각이 나. 벚꽃의 꽃말이 중간고사라
면 칼바람의 풍말(?)은 수능이 아닐까 싶어. 수능부터 본격적인 겨울이
시작된다는 말도 있잖아. 이 시기를 외국에서 보내는 건 처음인데 올해
도 어김없이 그때 느꼈던 불안함 내지는 절박함이 스멀스멀 올라와. 하
필 우리 집 근처에 'maison des examens(시험장)'이 있어서 그런가?

사실 학창 시절, 그리고 얼마 전까지 또래 프랑스인에게 피해의식이 있었다고 생각해. 지금껏 열심히 공부한 사람도 나였고 앞으로 열심히 일할 사람도 나일 텐데 뒤처지는 사람은 나일 것 같다는 생각이 기저에 있었나 봐. 특히 여름날 프랑스 남부 칼랑크(calanques, 바위로 둘러싸인 지중해의 작은 만) 어딘가에서 물놀이를 즐길 때는 이 좋은 걸 우리 빼고 즐기고 있었다는 생각에 배신감까지 들더라. 우리가 머리 질끈 묶고 잘근잘근 펜 씹으며 《쎈》 C단계를 풀 때 프랑스인은 이런 지상낙원에서 신선놀음을 하고 있었다니.

프랑스에 산 지 반년 됐을 때까지만 해도 '적게 일하고 많이 번다'고만 생각했는데 반년이 지나고는 생각이 바뀌었어. 여러 사람을 만나면서 프랑스 학생도 나름의 고민을 안고 산다는 사실을 알게 됐거든. 한국에서 어쭙잖게 주워들은 이야기나 미디어에서 보여주는 프랑스 학생을 보고 선입견이 있었던 것 같아. 공부는 안중에도 없고, 매일 밤이 '파뤼투나잇'이고, 대학 평준화로 대입 걱정 없고, 거기다 학비도 싸고, 취직한 이후에는 매년 여름방학이 있고.

일부는 사실이지만 일부는 편견이었어. 국립대는 입학이 대단히 어렵지 않은 것도 맞고 학비가 공짜 수준으로 싼 것도 맞아. 하지만 사정이 다른 대학도 있어.

그랑제콜(grandes écoles)은 엘리트 양성 대학을 총칭하는 단어야. 프랑스의 수능인 바칼로레아(baccalauréat)에서 고득점을 받고도 2년 정도 더 준비해야 입학이 가능해. 학비도 수천만 원 수준으로 비싼 경우가 대부분이지. 그랑제콜 학생을 몇 번 만나본 적 있는데 확실히 똑똑하다는 생각이 들더라. 밥 시간 잠 시간 없이 공부하고 과제하는 친구도 봤고, 심지어 대학생이 되기 전까지 한 번도 파티에 간 적 없다는 친구도 있었어.

그래서 그런지, 부의 대물림이어서 그런지, 아니면 둘 다인지 모르겠지만 프랑스 상류층에는 그랑제콜 출신이 많대. 상위 40개 기업 CEO의 80%가 École polytechnique(공학 전문 학교), HEC Paris(경영 전문 학교), ENA(행정 전문 학교) 출신이래. 정계는 더 심하대. ENA와 Sciences Po(정치 전문 학교) 둘 다를 졸업해야만 성공할 수 있다더라. 마크롱 대통령도 이 두 학교를 졸업했어.

오지랖이지만 이런 생각이 들었어. 서로가 서로를 이해할 수 있을까? 양극화를 제동할 수 있을까? 기업가와 정치인 집단에 엘리트가 대

다수여도 괜찮은 걸까? 나만 해도 고향에서 상경하지 않고 대학 다니
는 친구와 대화할 때면 다른 방향을 향한다는 생각이 들 때가 종종 있
는데 말이야.

고민이 깊어지는 밤,

영주가

지하철을 타고 귀가할 때 보이는 'maison des examens(시험장)'이야. 주말이면 건물 바깥에서 수험표를 들고 대기하는 프랑스 학생으로 붐벼.

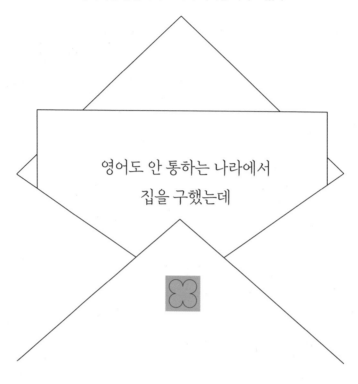

영어도 안 통하는 나라에서
집을 구했는데

학창 시절이 궁금해지는 연지와 영주에게

6개 국어로 〈뜨거운 안녕〉을 부르는 스텔라 장이 그랑제콜 출신이라지? 어렴풋이만 알고 있다가 자세한 과정을 알게 되니까 와닿는 느낌이 또 다르네.

부와 계층의 대물림은 공공연한 사실이고, 또 우리가 살아가는 사회 깊은 곳에 내재되어 있는 문제라서 오지랖이라고 할 수 없을 것 같아. 고등교육, 추억의 《쎈》C단계와 '수능 냄새' 얘기를 들으니까 나도 불안하고 절박했던 고등학생 때가 생각난다.

고등학생 때 살던 기숙사에서 나는 소위 '문 따는 학생'이었어. 잠겨 있는 기숙사 현관문을 따고 1등으로 등교한다는 뜻이야. 숨 쉬기 힘들 정도로 무덥기만 하던 여름을 지나, 아직 하복 차림인데 현관문을 열면 찬 기운이 훅 끼치면서 바람 냄새가 코를 찌르는 날, 그때 그 냄새를 나는 '수능 냄새'라고 불렀어. 그래서 자연스레 이맘때가 되면 뒤도 한 번 돌아보지 않고 스스로를 혹사시켰던 십 대 후반이 떠올라.

지금 생각해 보면 어떻게 그 좁은 공간에 네 사람이 살았나 싶어. 밤에 들어가서 잠만 자고 나오는 공간이었으니까 가능했겠다 싶기도 하고. 대학에 진학해서는 4인 1실 기숙사와 영주를 만났던 2인 1실 기숙사에 살았어. 다음엔 자취를 했고, 여기에 와서는 셰어하우스에 살고 있네.

너희는 둘 다 기숙사에 사니까, 네 명이 한집에 사는 플랫 이야기가 흥미로울 것 같아서 들려주려고 해.

기숙사도 신청은 할 수 있었지만 외진 곳에 위치해 위험했고, 반드시 식대가 포함된 금액을 지불해야 해서 결정적으로 너무 비쌌어. 그래서 이 도시에 오는 교환학생들은 여러 명이 한집을 공유하는 플랫을 구해. 스페인어로 피소(piso)라고도 하는 이 형태는 현지인, 외지인 할 것 없이 아주 보편적이야.

피소 계약은 출국 전부터 준비해야 돼. 페이스북 그룹이나 어플을 통해서 방을 내놓은 집주인과 연락을 했어. 하지만 여기도 역시 사기나 허위 매물이 많아서 귀찮다고 덜컥 계약을 해서는 안 돼. 여러 집주인과 약속을 잡아놓고 호스텔에 일주일 정도 머물면서 집을 보러 다니라는 조언을 들었는데, 그게 말처럼 쉬워야 말이지.

집을 구하는 교환학생들이 특정 시기에 몰리다 보니까, 문의하면 이미 나갔다는 응답이 대부분이었어. 거짓말 안 하고 100명에 가까운 집주인에게 연락을 했는데, 내가 잡은 방문 약속은 두 개였어. 출국 전부터 얼마나 진을 뺐는지 감이 오지……? 집을 미리 보겠답시고 되지도 않는 스페인어로 현지인과 영상통화를 하기도 했고, 내 얼굴로 되어 있는 왓츠앱(유럽에서 카카오톡처럼 쓰이는 가장 보편화된 메신저 앱) 프로필 사진을 보고 집에 대한 이야기는 않고 대뜸 음성 메시지로 인종차별을 하는 사람도 있었어. 그때부터 내 유럽 생활이 순탄치 않을 것을 예감 했지…….

초반에 정착기 이야기를 하면서 말했지만, 나 스페인에 도착하고 며칠 동안은 정말 불안하고 무서웠거든. 호스텔에 짐을 푼 후, 장장 이틀에 걸친 비행에 설상가상으로 뜨거운 8월 스페인의 한복판에 떨어져 찝찝했던 몸을 씻고 난 뒤에야 한숨을 돌렸어. 그리고 친구들 중 시차가 맞는 사람을 찾다가 문득 떠오른 연지에게 하소연하는 마음으로 전화를 걸었던 기억이 나.

태어나서 처음 와보는 대륙, 처음 와보는 나라, 수도인 마드리드에서도 4시간이나 떨어져 어떻게 찾아왔는지도 모를 작은 도시에서 살아가야 한다고 생각하니 얼마나 막막하던지……. 그런 상황인 데다가 임시 거처인 호스텔에 일주일이나 머물며 집을 구해야 한다고 생각하니까 숨이 탁 막히는 것 같더라. 그래서 최대한 빨리 정 붙일 집을 구하고 싶었어. 거주 불안의 공포를 그렇게까지 실질적으로 느껴본 적은 처음이었지.

결국 처음 보러 간 집으로 계약했어. 좋아서라기보단, 더 이상 집 구경에 쓸 에너지가 없어서. 그래도 독립된 내 공간이 보장되면서 동시에 가족이 아닌 여러 명이 한집에 사는 경험은 생전 처음이라 설레기도 하더라고.

한국의 기형적인 원룸에서 벗어나, 주방다운 주방과 거실다운 거실이 있는 집에 사니까 확실히 쾌적하긴 해. 특히, 스페인은 건축물 특성상 대부분의 집에 테라스가 딸려 있어. 덕분에 나도 처음으로 베란다가 아닌 테라스 있는 집에 살아보는 중이야. 도착하고 한 달간은 하루도 빠짐없이 날씨가 좋아서 매일 빨래를 했어. 햇살 피크 타임만 잘 맞추면 네 시간만 내놔도 바싹 마르던 수건들……. 수건에 깃든 햇살 냄새를 얼마나 사랑했는지!

우리 집은 거실 하나, 거실과 연결된 테라스 하나, 주방 하나, 화장실 두 개와 방 네 개로 이뤄져 있어. 하우스 메이트 세 명과 같이 살다 보니 웃지 못할 에피소드들이 있는데, 그중에서도 화장실에서 있었던 일이 가장 기억에 남아.

우리나라엔 건·습식 화장실을 구분하는 개념이 거의 없잖아. 아무런 인식이 없던 나는, 첫날 내게 익숙한 대로 물난리를 치면서 화장실을 사용했는데, 샤워를 끝내고 몇 분 안 지나서 바로 컴플레인이 들어오더라고. 건식 화장실이니 샤워부스 밖으로 물이 튀지 않게 샤워해야 하고, 물이 튄다면 정리하고 나오라고. 그 뒤로도 건식 화장실 사용법을 익히는 데 일주일 정도 걸렸어.

나사렛이라는 스페니시 하우스 메이트가 있어. 그 친구가 레즈비언이란 말이지. 여자 친구가 자주 우리 집에 놀러와서 밥도 몇 번 같이 먹고, 그 애인의 강아지랑도 친해지고 잘 지냈단 말이야. 어느 날은 그 둘이 화장실에 들어가서 한참을 안 나오더라고. 그러고 좀 있다 내가 샤워를 하러 들어갔을 때, 새초롬하게 세워져 있는 핫핑크 딜도와 인사를 하게 됐지 뭐야. 화장실을 공유한다고 남의 커플 열렬한 사랑의 흔적까지 마주치고 싶지는 않았는데 말이지…….

또 어제는 밤 11시쯤에 귀가했는데 누가 내 방문을 똑똑 두드리는 거야. 문을 여니까 얼굴이 만송장이 된 나사렛이, 큰 부탁을 하나 해도 되겠냐고 묻더라고. 말해보라고 하니까, 약 상자를 하나 주면서 자기가 너무 아파서 밖에 나갈 수 없어서 그러는데 집 앞 24시간 약국에 가서 이것과 같은 약을 사다 달라고 하더라고. 입고 있던 샤워가운을 바로

임시거처였던 호스텔은 하엔 기차역 바로 옆에 있었어. 호스텔에서 짐을 빼고 지금 집으로 옮기면서 찍었던, 해질녘 기차역 앞 광장의 사진이야. 야자수와 휘날리는 국기가 스페인스러움을 물씬 자아낸다.

갈아입고 나가서 사 왔어. 어떤 약인지 궁금해서 가는 길에 박스를 유심히 읽어봤는데, 기관지와 관련된 약이라는 정보밖에 얻지 못했어.

 문제는 그렇게까지 아픈 사람의 모습을 너무 오랜만에 봐서 충격을 받은 건지 잠이 잘 안 왔다는 거야. 만약 어젯밤이나 오늘 오전에라도 나사렛한테 무슨 일이 생기면 스페인어로, 심지어 비언어적 표현을 사용할 수도 없는 전화로 911에 어떻게 신고를 해야 할지…… 걱정이 이만저만이 아니었어. 다행히 아무 일 없이 지나가긴 했는데, 역시나 같이 사는 사람이 생기면 별의별 일이 다 있다는 생각을 다시금 했어.

너희도 한국에서와는 다른 형태로 해외에 거주하면서 어떤 일들이 있었는지 궁금해. 특히 연지는 가족과 함께 살다가 처음 나와 살아보는 거니까 환경과 더불어 삶을 대하는 태도 자체도 많이 변했을 것 같아. 궁금하다! 기다리고 있을게.

오늘도 김치볶음밥으로 아침을 맞이한

시연이가

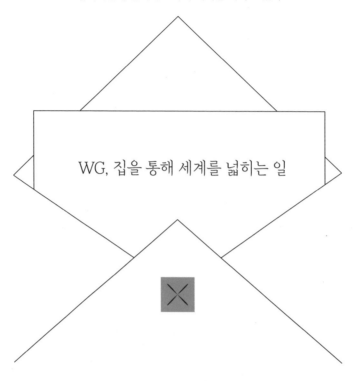

WG, 집을 통해 세계를 넓히는 일

얼른 다시 모여 떠들고 싶은 시연과 영주에게

독일에도 스페인과 비슷한 주거 형태가 있어. '살다'(wohnen)와 '공유'(Gemeinschaft)를 뜻하는 단어를 합쳐 'Wohngemeinschaft', 줄여서 WG라고 해. 스페인어로는 피소, 프랑스어로는 꼴로라고 한다던데 단어 길이에서 독일어의 무서움이 보이지 않니? 나는 공유 형태 기숙사에 살아서 직접 구해본 적은 없지만 WG 입주 과정에서 이력서 (Lebenslauf)를 쓰고 인터뷰까지 봐야 한다는 사실이 신기했어. 이력서 는 학생 기숙사에 입주할 때도 보편적으로 쓰는 서류이지만, 세입자가 집을 고르는 우리나라와 달리 임대인이 세입자를 고르는 독일 문화가 인터뷰 절차에서 드러나는 것 같아.

나는 기숙사에 입주할 때, 혼자 쓰는 주방과 화장실이 있는 1인실 (Einzelappartment), 그리고 2~4인 혹은 10인이 공유하는 주방과 화장 실이 있는 WG 내 1인실(Einzelzimmer) 중 선택할 수 있었어. 사람과 교류하고 싶었기에 1인실은 원치 않았고, 그렇다고 너무 바글거리는 것도 싫은 나의 선택은 2인 거주 WG였어.

기숙사에 처음 도착했을 때는 복합적인 기분으로 속이 뒤죽박죽했 어. 우리 기숙사는 독일에서 찾아보기 힘든 15층 건물인데, 앞으로 살 아볼 수 있는 모든 방을 다 합친다고 해도 최고일 정도로 뷰가 아주 좋 았거든. 한국처럼 아파트로 시야가 가려져 있지 않고 앞이 탁 트여 있 는데, 프랑크푸르트의 전경과 집 앞의 공원이 한눈에 펼쳐져 있어. 하 지만 높은 층수만큼이나 건물의 연식도 오래되어서 그 흔적이 곳곳에 묻어 있어. 우주선에나 있을 법한 비좁은 샤워실과, 파란 문 뒤에 숨겨진 엘리베이터, 요가 매트를 펴면 남는 공간이 없을 정도로 비좁은 방과 오랫동안 분리수거를 하지 않은 듯 뒤섞여 버려진 쓰레기장까지. 신축 건물에 사는 다른 친구들 집에 갈 때마다 상대적 박탈감이 들어서 떼굴떼굴 구르며 배 아파하기도 했고, 여름 즈음에는 진지하게 더 좋은 건물로의 이사를 고려하기도 했어. 결국 파란 문 엘리베이터와 정이 들어 이곳을 떠나지 못했지만 말이야.

좁은 방 대신 나의 세계를 넓혀준 건 나를 거쳐 간 두 명의 룸메이트였어. 여름 학기까지 살다가 나간 달리아는 수단 사람인데, 이탈리아에서 건축학 석사 공부를 하다 독일로 에라스무스 학기를 오게 된 친구였어. 독립한 지 오래돼서 그런지 생활력도 좋고, 청소 분배도 딱딱 맞아서 퇴실하는 날까지 한 번도 부딪친 적이 없었어. 매일 아침마다 꼬박꼬박 'How are you babe?' 혹은 'Good morning darling!'이라며 안부를 챙겼고, 우리 둘 다 인턴십을 시작하면서 같이 바빠진 후에는 저녁에라도 서로의 일상이나 직장에서의 해프닝을 공유하는 시간을 가졌어.

딱 한 번 곤란했던 일은 이슬람교의 라마단 기간이었어. 이슬람교도는 라마단 기간 중 낮에는 음식과 물을 먹지 않거든. 평소에는 서로 음식을 나누어 먹기도 했는데, 달리아가 금식을 시작하니 내가 요리하는 냄새나 밥 먹는 소리가 달리아에게 전해지는 게 엄청나게 미안했어. 그래도 나에게 라마단 문화는 달리아가 아니면 경험할 수 없었던 세계였는데, 달리아를 통해 어린이, 임산부 등은 라마단에서 제한한다는 것도 알 수 있었고, 금식 기간이 끝난 후에는 달리아가 좋아하는 음식들로 함께 파티를 하며 라마단을 기념해 볼 수도 있었어.

달리아가 방을 나간 후에는 마리라는 독일인 룸메이트와 살고 있어. 마리는 본가가 가까워서 거의 마주친 적이 없긴 한데, 하루는 맥주가 당겨서 집 앞 페니에서 대충 크롬바허(Krombacher) 라들러를 사 왔다가 맥주의 고장에 와서 근본이 없는 맥주를 마신다고 혼이 나기도 했어. 맥주 설교를 듣고, 다음번에 괴써(Gösser) 라들러를 사 와서야 칭찬을 받았지.

한국에서도 적용되던 나의 인복은 독일에서도 빗겨 가지 않았지만 WG 절망 편도 꽤 많다 들었어. 청소 배분이 이뤄지지 않아 서로에 대한 불만이 가득 쌓이거나, 주말에는 청소가 되지 않아 악취가 나는 10인 주방, 지속적으로 여자 화장실과 샤워실을 이용하는 남학생까지.

다양한 사람이 살다 보니 인종과 국가에 의한 권력 차이를 눈앞에서 목격하기도 해. 우리 기숙사에는 독일인부터 외국인까지 다양한 인종과 성별, 나이대의 사람들이 거주하고 있어. 사용하는 향신료가 우리나라보다 많고 강한 나라에서 온 친구들에 대해 종종 컴플레인이 들어왔었다고 하고, 그에 따라 의도적으로 배정된 건지는 모르겠지만 인도, 파키스탄 사람들은 대부분 2~4인 WG가 아닌 10인 WG로 배정돼.

친구들과 함께 요리를 해 먹을 때나 파티를 할 때 10인 WG에 방문하는데, 그때마다 만연한 편견과 혐오, 차별이 느껴져 마음속이 답답해져. 특정한 친구들이 들어오자마자 요리를 시작하지도 않았는데 창문을 연다거나, 헛구역질하는 시늉을 하며 낄낄거리기도 하고, 심할 때에는 알아듣지 못할 언어로 대놓고 욕설을 하기도 해. 우리나라의 치킨, 불고기, 비빔밥 같은 음식들이 비교적 외국에 알려져서 그렇지, 홍어나 닭발, 곱창, 혹은 청국장이 알려지면 나에게도 그런 반응들이 돌아올 수 있겠다 싶어. 문화 차이를 이해해 보려는 시도 없이 그저 비하하는 것도 권력이 있으니 가능한 거겠지.

한국에서 본 전시 중 〈부유데기의 환영〉(Floating Things Illusion, 정혜진, 2019)이라는 작품에서 '집은 집이 될 수 없기에 그들은 자신의 몸속에 새로운 집을 짓기 시작했다'라는 문장을 읽은 적이 있어. 나 역시 이곳의 집이 집처럼 느껴지지 못하는 순간에는 내 안에 나만의 집을 지을 방법을 고민하게 돼. 같은 문화와 언어를 바탕으로 이런 내밀함과 고독감까지 털어놓을 사람이 부재한다고 느껴지는 때에도. 함께 사는 사람이 없다는 건 이런 외로움을 느끼는 것도, 해결하는 것도 결국에는 다 나 혼자의 과업이 된다는 뜻이니까. 이런 감정을 최대한 잘 정리하기 위해 최근 명상을 시작했어. 떠오르는 생각들을 애써 없애지 말고 흘려보내라는 선생님의 말씀에 혼란스럽던 마음속이 착 가라앉게 되더라고. 아니면 비좁은 방 한구석에 요가 매트를 펴고 운동을 하기도 해. 이 편지를 쓰고, 너희에게 보내는 것도 나에겐 감정을 정리하는 방법의 연장선인 것 같아.

우리가 같은 유럽이더라도 완연히 다른 나라와 공간에서 살고 있으니까, 글을 통해 또 다른 세상을 여행하는 기분이 들어 좋다. 글을 쓰며 내 마음을 정리하는 시간도 좋지만, 하루의 끝에 너희가 보낸 글을 읽는 시간이 있는 날은 또 다른 위안이 되니까. 영주는 집에 대해 또 어떤 이야기를 들려줄지 벌써 기대가 돼!

14층 한구석에서 오늘을 마무리하는

연지가

우리 집의 작은 세계를 보내. 지난 1년간 나를 넓혀준 세계를.

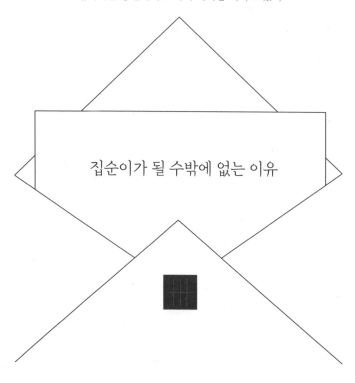

집순이가 될 수밖에 없는 이유

새로운 가족이 생겼을 시연과 연지에게

다들 부대끼며 사는구나. 나는 집을 고를 때 동거인 여부는 절대 양보할 수 없었어. 위치도 가격도 타협할 수 있지만 모르는 사람, 특히나 외국인과 함께 사는 삶은 도저히 상상할 수가 없더라고. 고등학교 3년에 대학교 2년까지 기숙사 생활을 하다가 막 자취의 맛을 본 시점이라

혼자만이 누릴 수 있는 자유가 소중했어. 게다가 문화 차이에서 오는 갈등도 골치 아플 것 같았고.

결과적으로 파리 외곽에 위치한 외국인 학생 기숙사에 계약하는 데 성공했어! 2~4인용 기숙사가 대다수인 한국과 달리 프랑스에는 1인실도 많더라. 프랑스식 원룸을 '스튜디오(studio)'라고 부르던데 내가 사는 집도 같은 단어로 표현하더라고.

알파벳도 못 떼고 프랑스에 갈 예정이었어서 한국에서 행정 절차를 최대한 끝내고 싶었어. 계약금까지 송금하고 나니까 후련함과 긴장감이 딱 절반씩이더라. 파리에 도착한 날 택시에서 내려서는 혹시나 가디언이 문을 열어주지 않을까 봐 손에 땀을 쥐었어. 다행히 문이 열렸고, 계약도 잘 마쳤고, 집은 마음에 쏙 들었어! 가디언과 함께 집을 둘러볼 때 좋은 티를 너무 내지 않으려고 입꼬리를 단속하느라 어찌나 힘들던지.

텍스트로 간략하게 랜선 집들이를 진행할게. 우리 집의 장점은 큰 창문이야. 아침에 일찍 일어나 커피 한 잔을 마시면서 창밖 풍경을 지켜보는 재미가 있어. 방과 부엌과 화장실은 각각 분리돼 있어서 짧은 복도를 통해 이동할 수 있어. 침대, 옷장, 책상, 책꽂이 등 필수 가구가 기본 옵션이어서 한국식 원룸과 크게 다르지 않아. 기숙사라 그런지 매달 1회 집 전체를 청소해 주는 시스템도 있어. 총 면적은 30m²(약 10평). 보증금 80만 원에 매달 70만 원이 월세로 나가.

이 조건으로 서울에서 분리형 원룸을 찾기는 쉽지 않잖아. 특히 보증금 80만 원에! 800만 원, 8000만 원이 아니야. 새내기 때 영화제에서 〈천에 오십 반지하〉를 본 기억이 아직도 생생해. 적은 돈으로 서울에서 살 만한 집을 구하고자 고군분투하는 다큐멘터리에서 상상을 초월한 집을 많이 봤거든. 예산이 부족하니 지하로 가거나 하늘로 가거나 고시원으로 갈 수밖에.

파리가 살기 나쁜 도시라는 오명을 탈출한 배경에는 두 가지 법이 있대. 첫 번째는 ALUR(Accès au Logement et Urbanisme Rénové) 법이야. 이 법령은 DELF 시험을 준비하면서 여러 지문을 읽으며 알게 됐어. '가구를 갖춘 임대(location meublée)'를 말하면서 모든 집은 잠을 자고, 먹고, 편히 살 수 있어야 한다고 규정해. 덕분에 이케아 가구에 쓸 돈을 제법 아꼈지.

널찍한 풀옵션 집 덕분에 우리 집은 늘 '파뤼투나잇'이었어. 솔직히 말하자면 나와 친구들은 대체로 내향형이어서 파티보다는 수다회에 가깝겠다. 프랑스 친구뿐만 아니라 인근 국가에 사는 시연이와 연지는 물론, 한국에서 온 친구도 우리 집에 머무르면서 좋은 추억을 가득 쌓을 수 있었어. 특히 이번 생일 때 친구들이 각국에서 우리 집까지 성큼 달려와 축하해 준 일은 잊지 못할 거야.

두 번째는 주택보조금. 주택보조금은 CAF(Caisse d'Allocation Familiale) 제도 중 하나로 외국인에게도 활짝 열려 있어. 거주환경에 따라서 보조금 액수가 다른데 나는 매달 약 25만 원을 받아. 요람에서 무덤까지, 게다가 외국인에게까지 복지의 범위가 뻗어 있다는 점이 인상적이었어.

물론 늘 좋기만 하진 않아. 열쇠가 없으면 대문을 못 열어서 집 앞까지 찾아오는 배달 음식은 상상도 할 수 없어. 건물 앞에서 음식을 받는 게 뭐가 그렇게 귀찮겠냐마는 생각보다 번거롭더라고. 오미크론이 확산하고부터는 우버이츠에서 대형마트 배달 서비스를 사용하는 사람이 늘었어. 운이 좋게도 나는 아직 건강하지만 만약 확진된다면 생필품을 어떻게 구해야 할지 걱정이야.

개인적인 어려움도 있어. 아는 사람이 열 손가락 안에 꼽히는 나라에서 1년에 가까운 시간을 홀로 보내는 삶은 쉽지 않더라. 이방인으로 수개월을 혈혈단신 지내면서 이제는 누군가와 함께 사는 삶도 나쁘지 않겠다는 생각이 들어. 분명히 딱 6개월까지는 자취 만족도 100%였을 뿐더러 평생 혼자 살고 싶다고 생각했거든? 락다운 기간에도 혼자 재미있게 놀았단 말이야. 가족과 친구를 오랫동안 보지 못해서 그리움이 사무치는 걸까.

한국에서도 멋진 집을 구하고 싶은

영주가

복도에서 바라본 방. 방과 부엌과 화장실은 각각 분리돼 있고,
짧은 복도로 이동할 수 있어.

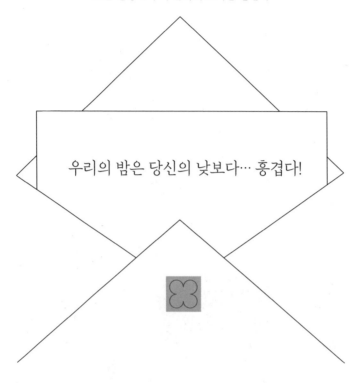

우리의 밤은 당신의 낮보다⋯ 흥겹다!

또다시 파리에서 만나고 싶은

연지와 영주에게

다른 사람과 동거하면서 얻는 재미도 분명 있지만, 역시 혼자 살 때
만 누릴 수 있는 것들도 무시 못 할 것 같아. 사람을 좋아하는 나는 자
취의 수많은 장점 중에서도 친구들을 자유롭게 초대할 수 있다는 걸

최고로 꼽고 싶어! 나 역시 처음으로 유럽 땅을 밟은 지 보름 만에 스페인을 떠나 파리로 향한 2021년 영주의 생일 파티를 잊지 못할 거야.

파티를 생각하면 어떤 그림이 그려져? 나는 서울에서 와인 바를 빌리고 친구를 스무 명 정도 불러서 생일 파티를 기획해 본 적이 있는데, 만약 여기서 그런 파티를 열게 된다면 어떤 구성이 필요할지 생각해 보곤 해. 장소는 어때야 할지, 무슨 음악과 술과 프로그램을 준비해야 할지, 아니면 아무것도 준비하지 않아도 될지……? 어떤 사람들이 참석하느냐에 따라 파티 분위기도 확연히 달라지는 것 같아.

한국 친구들과 함께하는 파티에서는 어색함을 깨는 게 가장 큰 이슈였어. 하지만 외국인을 많이 초대한다면, 외향적인 정도가 한국인에 비해서는 상향평준화 되어 있기 때문에 그들의 아이스 브레이킹을 내가 도울 필요는 없을 것 같아. 라틴계 사람들이라면 술과 음악은 필수고, 특히나 멕시코 사람이 있다면 테킬라, 소금과 레몬을 반드시 준비해야 겠지?

파티라고 하면 홈 파티도 있지만, 클럽에서 즐기는 파티도 있잖아. 나도 한국에서는 클럽에 자주 가는 편이 아니었는데, 스페인에 와서는

'밤에 만나서 논다 = 클럽에 간다'기 때문에 클럽을 자주 다녀. 한국에서 클럽이란 '가는 사람들만 가는' 곳이잖아. 그곳에서 일어나는 일이 일탈이 되는 경우가 있어서 위험하다는 인식이 있고, 뭐 실제로 틀린 말은 아니지만. 근데 여기서, 적어도 내가 느끼기에 스페인 사람들에게 클럽 문화는 보편적인 느낌이야. 아무래도 흥을 베이스로 하는 민족이라 그런 걸까?

클럽에서 가장 중요한 건 음악이잖아. 근데 스페인의 클럽에서는 주야장천 레게톤(reggaeton)만 나와. 쿵떡쿵떡 비트가 기본이 되는 라틴계 EDM 음악인데, 질리지도 않는지 그렇게 레게톤만 틀어……. 인간이 적응의 동물인 게, 처음엔 노래가 다 거기서 거기 같고 지루했는데 이젠 나도 레게톤에 맞춰서 몸을 흔드는 게 익숙해. 즐겁고, 흥도 나고…… 심지어 요새는 피곤해서 일어나기 힘든 아침을 맞으면 일단 레게톤부터 틀고 본다니까. 그 비트에는 몸을 일으키지 않을 수가 없어.

스페인 클럽 하면 유흥의 섬 이비사(Ibiza)를 빼놓고 말할 수 없겠지? 스페인에 오기 전에 다녔던 태닝숍 이름이 '이비사 태닝'이었어. 그래서 스페인에 오면 꼭 이비사에 가보고 싶다고 생각했고, 운 좋게 지난여름에 연지와 함께한 이베리아반도 특집(!) 투어에서 1박 2일 정도로 잠깐 이비사에 들를 수 있었어. 예상보다 별로였다는 게 문제지만.

이비사는 너무 관광지라서 현지에 사는 사람보다 휴가를 보내기 위해 온 사람의 비율이 높은 느낌이었어. 그래서인지 길거리에 있는 모두가 취해 있었고, 다른 여행지에 비해 인종차별도 유난히 많이 당했어.

클럽과 선상거품파티로 유명한 이비사의 메이저 클럽은 기본 입장료가 90유로부터 시작하더라. 입장료가 낮은 클럽은 입구에서부터 후진 게 보였고……. 우리가 그렇게 거나하게 노는 편이 아니어서 괜한 돈 낭비 하지 않기로 하고 호텔에서 잠이나 열심히 잤어. 신기했던 게, 그 동네는 워낙에 특수한 관광지다 보니까 에어비앤비보다 호텔 숙박비가 더 싸더라. 주머니 사정이 빠듯한 여행자로서 유럽에서 다닌 여행을 통틀어 다인실 호스텔이 아닌 호텔에서 자본 건 그때가 유일하지 싶어.

이비사 전후 일정이 바르셀로나와 리스본이어서 체력 비축용 경유지였지만, 그래도 의미 있는 경험이었어. 이비사에 가본 것으로 만족했잖아. 그렇지, 연지야?

파티 얘기로 시작해서 음악과 스페인의 대표 관광 섬 이비사까지, 생활의 어떤 부분이든 그 나라의 문화를 떼어놓고는 설명이 안 된다는 걸 다시 실감하게 돼. 너희가 있는 곳에는 또 어떤 신기한 문화들이 있을지, 어떤 시각에서 그 이야기를 들려줄지 벌써부터 기대된다. 기다리고 있을게!

문득 당신들의 밤이 궁금해지는

시연이가

레게톤 입문을 원한다면, 한국에서도 〈Despacito〉로 유명한 루이스 폰시(Luis Fonsi)의 〈Échame La Culpa〉를 추천해. 나는 이 노래를 들으면 없던 힘도 불끈불끈 솟더라! 이 사진은 이비사의 한 해변에서 연지가 찍어준 사진이야.

나의 한 페이지를 펼쳐 읽어주고,
또 써 내려가준 너희에게 고마워!

또 함께 훌쩍 떠나고 싶은
시연과 영주에게

이비사 너무 좋았지. 내 인생에서 그렇게 잠을 열심히 잔 건 기어 다
닐 때 이후로 처음이지 않을까 싶어. 아침 잠에 점심 잠까지 자고 갓 태
어난 듯한 기분으로 클럽을 찾아 누비다가, 입장료를 확인하고 그대로

숙소로 돌아와 다시 저녁 잠을 자던 우리가 생각나. 다음 날 체크아웃 전에 어떻게든 호텔 수영장을 쓰고 가겠다고 아득바득 수영복 차림으로 조식을 먹자마자 뛰어들었던 파란 풀장도. 1년의 해외 생활 중 유일하게 호텔에 묵었다는 건 조식과 호텔 수영장을 즐기는 것도 이번뿐이었다는 뜻 아니겠어. 그래서인지 나는 이비사를 생각하면 눈이 시원해질 정도로 푸르고 반듯한 수영장과 물결에 반사되어 곡선 모양으로 일렁이던 햇빛, 그리고 내가 제일 좋아하는 체리색 모노키니가 담긴 한 장면이 눈에 선하게 그려져.

때때로 이렇게 선연하게 남은 장면들은 유럽을 간직할 수 있는 가장 값진 기념품으로 남았어. 오늘은 1년 치의 시간을 한번 곱씹어 볼까 해. 지극히 개인적인 이야기지만 독일과 유럽을 백배 즐길 수 있는 꿀팁을 쏙쏙 뽑아 갈 수 있을 거야.

독일에 처음 도착했을 때엔 판트(Pfand)를 십분 활용한 판테크를 즐겼어. 판트는 독일의 공병 보증금 반환 제도인데, 요즘 우리나라에도 곳곳에 설치되고 있는 공병 무인 회수기가 전국적으로 제도화된 거라고 생각하면 돼. 처음엔 종이 가방이 묵직하다 못해 찢어지기 직전까지 공병을 모았어. 낑낑거리며 새로 태어날 아이들을 데려가서, 설레는 마음으로 빙글빙글 돌아가는 기계에 공병을 하나씩 넣었어. 병이 데굴데굴 굴러가며 '깡~!' 하고 떨어져 부딪치는 맑은 소리가 날 때마다 숫자가 조금씩 올라가. 마지막으로 초록색 버튼을 달칵 누르면 캔류는 개당 0.25유로, 유리병은 개당 0.08유로를 돌려받을 수 있어. 처음에는 그렇게 모은 3.25유로로 가게에서 가장 비싼 마요네즈를 사 오는 사치를 부리기도 했어.

프랑크푸르트의 높은 빌딩과 낮은 유럽식 건물의 조화가 익숙해지고 즐겨 찾던 카페에 새로 생긴 초콜릿 수플레가 눈에 띌 즈음엔 마인강과 중앙역 근처 쓰레기통 밑에 온 세상 공병이 모여 있다는 사실 역시 눈에 들어왔어. 판트는 노숙자분들이 하루 끼니를 해결하는 수단이 되기도 한다는 걸 배운 후로는 고급 마요네즈를 미루고 마인강 근처로 산책을 나섰어. 내게는 가장 필요하지 않은 게 누군가에겐 시급할 수도 있다는 걸 되새기며.

환경을 중시하고 다양성을 고려하는 독일의 또 다른 문화는 비건이 아닐까 싶어. 두 번째 편지에서도 언급했듯, 어떤 식당이든 비건을 함께 고려하는 문화는 모두의 식탁을 더욱 풍족하게 만들었어. 그런 나라에 온 이상 최선을 다해 비건 메뉴를 섭렵해야겠지! 굳은 각오를 다지고 메뉴판에서 초록색 풀 표시를 쥐 잡듯 뒤졌어.

　의지가 부족한 몸뚱어리 탓에 온전한 비건으로 살지는 못함에도 불
구하고 주기적으로 생각나는 음식은 모두 비건 메뉴야. 모락모락하고
지글지글하게 시각과 청각을 모두 자극하는 트러플 크림 뇨끼, 가지와
호박이 그득그득히 올라간 비건 치즈 피자, 처음 맛본 콩이 가득한 비
건 코코넛 커리와 후무스가 메인이 된 비건 브런치 세트까지. 이틀에
한 끼씩은 해피 비건이 되어 이렇게도 놀라고 저렇게도 놀랐어.

　음식을 논하자면 여행도 빼놓을 수 없는 것 같아. 특히나 외식비가
눈알이 툭 빠져나올 정도로 비싼 파리와 스위스에서는 더욱 그렇더라.
지중해식 음식점에서 30유로에 납작한 만두 같은 음식 6조각을 먹은
이후로는 고개를 저으며 장바구니를 챙겼어.

　파리에서는 '어디서 본 것'이라 이름 붙인 지식을 총동원해 와인 바
디는 어떻고 당도는 또 어떤지를 논하다, 결국 화려한 외관에 귀여운
가격을 가진 와인 두 병을 골라 담았어. 포장된 스테이크 한 덩이와 양
파 한 덩이, 계란 한 판, 갈린 파마산 치즈를 쏙쏙 골라 카트에 던졌어.
동행한 언니가 스테이크를 시즈닝할 동안, 단련된 어깨로 계란과 치즈

를 풀어 카르보나라 파스타를 만들었어. 그날의 파스타는 혼자 끼니를 때우기 위해 시판 소스로 설렁설렁 해먹은 파스타와는 다르더라. 건물 너머 화이트 에펠과 또 그 너머의 분홍빛 하늘, 파리를 담은 음악, 동행인들과의 소소한 대화에 더하여 나에게 파리는 와인 두 병과 스테이크, 크림 파스타로 기억돼.

스위스에서 융프라우산을 찍고 온 날에는 추적추적 비가 왔어. 해발 3500m의 추위에 비까지 맞은 그날의 몸은 으슬으슬한데 뜨끈한 이상한 온도였어. 온몸의 피로와 이마로 올라오는 열기에 이대로 질 수 없다는 생각으로 마트에 가서 감자와 호박, 밀가루를 사 왔어. 그날, 엄마의 손맛을 닮은 수제비와 김치전으로 밀려오던 감기 기운을 거뜬하게 물리쳤지. 내 생애 그런 수제비와 김치전이 다시 있을까 싶어.

여행 이야기를 이어나가자면, 나한테는 '더운 계절에는 제일 더운 곳으로, 추운 계절에는 제일 추운 곳으로!'라는 여행 철칙이 있어. 여름에는 시연이와 함께 이베리아반도 투어를 떠났어. 발걸음마다 젤라토가 절실하던 그때 포르투 원형 광장 한가운데에서 만난 남성 커플을 기억하니? 이 세상에 존재하는 행복에 관한 수식어를 모두 갖다 붙여도 부족할 정도로 행복한 얼굴을 하고 있었잖아. 최소 1년의 장거리 연애를 마치고 다시 만난 날의 키스 같다며 그들의 간절한 스킨십에 서사를 부여하고 있었는데, 넷플릭스 한 장면을 4D로 눈앞에서 보는 듯한 기분이었어. 그날의 더위가 그들의 뭉근한 사랑을 닮은 듯했어.

겨울에는 눈이 가장 많이 쌓이는 곳 중에서 접근성이 나쁘지 않은 할슈타트가…… 아닌 숙소값을 아끼기 위해 그 옆 소도시 오버트라운으로 향했어. 〈겨울왕국〉의 모티브가 된 도시답게 평생 볼 만큼의 눈이 왔어. 겨울을 제대로 즐긴다, 낭만적이다, 너무 평화롭다는 말을 돌림노래로 부르며 도착한 오버트라운에서는 발이 눈에 푹푹 빠지고 가로등은 띄엄띄엄 설치되어 있어서 그 깊이를 제대로 가늠할 수도 없었어. 숙소까지는 도보 30분, 대중교통 없음, 가로등 없음, 사람 없음. 조난당하기 딱 좋은 조건이군! 결연한 마음으로 장갑을 꼭 끼고 캐리어 손잡이를 쥐었어.

다행히 숙소에 도착한 이후로 여행은 순탄했어. 한국의 설 연휴가 겹쳐 떡국을 끓여 먹고, 눈 오는 풍경을 간식 삼아 커피를 마셨어. 오버트라운을 수호하는 대왕 눈사람도 만들고! 돌아가는 기차 창밖에도 여전히 쉼 없이 눈이 내렸어. 잔잔하고 고요하지만 소란스럽고 막막할 만큼 쌓이는 눈을 보고 영화 〈윤희에게〉 속 한 장면을 연상하며 글을 쓰기도 했어.

'나'라는 책은 평생토록 오직 나에 의해서만, 딱 한 번 완독될 수 있다고 하잖아. 그래서 더더욱 이런 순간들을 틈틈이 기록하는 게 중요한 것 같아. 묵은 시간에 대해 쓰고 또 누군가에게 읽히면서, 바랜 기억은 새로 태어나고 더욱 생생하고 선명한 색을 띠게 되니까.

나의 한 페이지를 펼쳐 읽어주고, 또 써 내려가준 너희에게 고마워!

반짝이는 밤 바토무슈 위 우리를 떠올리며,

연지가

파리에서 요리한 파스타와 스테이크, 곁들인 와인과 바게트야.

모든 일상에서 이 문화의 조각을 발견해

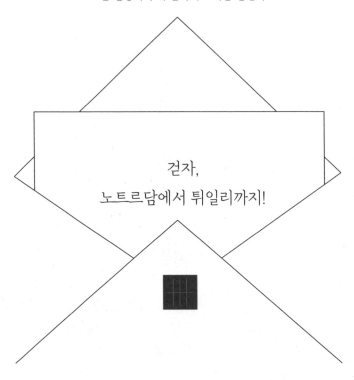

걷자,
노트르담에서 튀일리까지!

시연과 연지에게

순간을 틈틈이 기록해야 한다는 말! 가슴 깊이 와닿는다. 완전히 귀
국할 날이 한 달 정도 남은 시점이라 그런지 매 순간 눈을 부릅뜨고 주
변을 관찰해. 잘 봐야 잘 남는 거니까. 프랑스를 떠난다는 게 대단히 아
쉽지는 않지만 애정하던 산책 코스를 잃는 건 조금 슬프네. 파리 관광

하러 온 모든 친구가 좋아했던 코스인데 말이야.

우리 편지에라도 산책 코스를 남겨볼까 해. 우선 아무 지하철이나 타고 생미셸 노트르담(Saint-Michel Notre-Dame)역으로 가. 분명 역사 내에서 길을 잃을 거야. 계단을 올라갔다가 내려갔다가 나비고 카드를 찍고 무빙워크에 오르는 정신없는 역이니까.

발 닿는 대로 아무 출구로 나오면 매번 색다른 풍경이 펼쳐져. 녹조 빛 센강을 바로 마주할 때가 있는가 하면 베이지색 오스만식 빌딩숲(?)에 떨어지기도 해. 가끔 공사 중인 노트르담 성당 쪽으로 나올 때면 '노트르담 한 번 못 들어가고 프랑스 땅을 뜨는구나' 하는 생각에 잠겨. 빅토르 위고 소설을 좋아해서 노트르담은 늘 '내 마음속에 저장'돼 있었거든.

프랑스어가 눈에 익고부터 노트르담이 너 궁금해졌어. 영어 문법을 처음 배울 때 I, my, me, mine을 배웠던 것처럼 프랑스어도 병아리 단계부터 소유격을 공부했는데 'notre'는 '우리의'라는 뜻이야. 'dame'은 '여성'이라는 뜻인데 식당 화장실에서 자주 볼 수 있어. 여자는 무조건 'femme'인 줄 알고 남자 화장실에 들어갈 뻔한 일이 있어서 확실히 외웠지.

Notre-Dame! '성모 마리아'를 지칭할 때 쓰는 말이지만 한국식 직독직해로 따로따로 떼서 보면 '우리의 여성'이 되잖아? 프롤로와 페뷔스 그리고 콰지모도가 사랑한 '우리의 여성'은 어떤 모습일까 궁금했지. 온 파리가 사랑한 에스메랄다를 보고 싶었어. 아쉽지만 다음을 기약해야지.

빅토르 위고 이야기를 하다 보니 주절주절 말이 샜네. 다시 나만의 산책로로 돌아가서! 어떤 땅 구멍으로 지상에 나왔든 일단 센강으로 발걸음을 옮겨. 코로나19가 한창 심했을 때, 그러니까 모든 가게가 문을 열지 못했을 때는 강변도 쓸쓸했는데 락다운이 끝나고 도시가 활기를 되찾으니까 센강도 와자지껄해졌어. 강가에 삼삼오오 걸터앉아 떠드는 무리들의 소리가 들리는가 하면 난간마다 노점상이 장사를 벌이고 흥정하는 소리도 흥겨워. 덕분에 힘차게 산책을 시작할 수 있어.

강을 따라 서쪽으로 걸어. 도로 위에서 강과 사람을 구경하면서 걷기도 하고, 강가로 내려가 강을 느끼면서 걷기도 해. 강바람에 날리는 머리카락부터 발바닥에 전해지는 돌바닥까지, 온몸으로 강을 즐길 수

있는 방법이야. 나도 모르게 춤사위가 절로 나올 것 같은 노래와 함께
강을 누비면 금상첨화지.

어느덧 다리 세 개를 지나쳤을 거야. 생미셸 다리에서 노트르담 성
당과 기념사진을 찍고, 잠시 퐁뇌프 다리(엄밀히 말하면 '퐁'이 '다리'라는 뜻
이야!) 의자에 앉아 멀리 에펠탑을 보고, 차가 다니지 않는 퐁데자르 다
리를 여유롭게 지나면 벌써 루브르에 도착해. 유리 피라미드와 짧게 인
사를 나누곤 건너편의 작은 카루젤 개선문을 지나가자. 꽃과 나무와 분
수로 채운 튀일리 정원(Jardin des Tuileries)을 구경하면 오늘의 산책
끝!

나에게 튀일리는 반전 매력이 있는 공간이야. 처음 튀일리에 갔을
때는 나무가 앙상하고 하늘은 먹구름으로 회색이어서 첫인상이 무지
별로였거든. 나 혼자 '푸드코트'를 차용해 '튈트코트'라는 말을 만들기
도 했어. 식당에서 취식이 불가능할 만큼 코로나19 방역지침이 강력하
던 때라 모두가 근처 식당 음식을 테이크아웃해서 튀일리에서 먹더라
고. 물론 나도 맛있는 식사를 즐기는 사람 중 하나였지. 당시 맥도날드
프랑스가 출시한 아보카도 버거를 가장 많이 먹었던 것 같아.

생미셸 노트르담역에서 튀일리 정
원까지 걷는 동안 보이는 장면. 강
가에 삼삼오오 걸터앉아 떠드는
무리.

뜨거운 고위도 햇빛 아래 반짝이는
윤슬.

계절이 바뀌면서 튀일리가 생기 있는 모양새로 바뀌더니 어느새 '즐 겨찾기'에 저장된 공원이 됐어. 분수 앞에 거의 눕듯이 앉고 오리 가족 을 구경하면서 낮잠과 일광욕을 번갈아 즐기곤 했지. 시연이랑 공원 속 어느 그늘에서 쉬었을 때가 생각난다. 갑자기 어떤 프랑스인이 오더니 우리가 너무 예뻐서 말을 걸었다고 했던 거 기억나? 참 웃긴 기억이 많 은 공간이야.

뮤지컬 〈노트르담 드 파리〉에도 그런 가사가 있잖아. 인간은 자신의 역사를 유리와 돌에 남기고 싶어 했다고. 21세기 인간도 마찬가지다. 때는 2021년, 나는 우리의 역사를 워드 파일과 메일에 남기고 싶고, 별 을 향해 올라가고 싶고, 그렇게 대성당들의 시대가 찾아왔네.

인간 만보기,

영주가

유럽에서 같은 인간으로 대우받기

이번 겨울 꼭 아프지 않길 바라며,

연지와 영주에게

이젠 여기 날씨도 초겨울에 접어들었어. 너희에게 초겨울은 이미 한

참 전 이야기겠지만…… 몸 건강히 잘 지내고 있는 거지? 이번 주말에

스페인 와서 처음으로 감기를 심하게 앓았어. 서울에서는 아프면 피 같은 배달비를 감수하고 김치죽을 시켜 먹곤 했는데 여기서는 그것도 안 되니까 혼자 계란국을 끓여 먹었어. 타지에서 아프니까 서럽네……. 너희는 아프지 마라.

영주가 들려주는 파리 이야기를 듣고 있노라면, 영주가 얼마나 파리를 사랑하는지 새삼스럽게 온몸으로 느낄 수 있어. 역사가 깊고, 세계 문화의 중심인 도시답게 한 번 다녀온 후로 더 갈망하게 되는 신기한 곳이더라고. 크리스마스에 맞춰 디즈니랜드를 방문하기 위해 두 번째 파리 여행을 계획 중이야.

크리스마스 하니까 오늘 수업 시간에 나온 이야기가 생각난다. 유학생들이 듣는 회화 수업이라서, 자기 나라에 있는 크리스마스 문화에 대해 이야기 나눴거든. 스페인에서는 크리스마스 복권이 큰 연례행사인데, 특별한 점은 복권을 10장씩 판다는 거야. 한 사람이 10장 한 묶음을 사서 지인들에게 선물로 나눠주기도 한대. 당첨될지도 모른다는 기대감과 설렘을 연말 선물로 주는 셈이지. 생각만 해도 기분 좋아지는 따뜻함이야.

꼭 크리스마스와 관련한 게 아니더라도 세상 곳곳에는 별 희한한 풍습이 많더라고. 우리나라가 꽤 오랫동안 혈액형별 인간 분류에 미쳐 있었던 것처럼, 미국에선 별자리로 사람을 구분 짓더라. 별자리별 성향을 줄줄이 꿰고 있는 캘리포니아 출신 친구를 신기하게 봤던 기억이 나.

외국인 친구들을 사귀면서 새삼 실감하게 되는 건 유럽에서 한국의 위상이야. 우리나라의 교육과 BTS, 싸이를 필두로 한 선전들이 과장된 것인지 늘 궁금했거든. 지금 생각하기에, 그건 과장된 게 맞는 것 같고.

처음 만난 사람이 국적을 물어보면 맞혀보라고 되묻는 편이야. 다양한 답변을 들어왔지만, 최근에 들은 참신한 대답은 '너는 영어를 잘하니까 한국인일 것 같다'는 말이었어. 내 국적을 맞혔던 또 다른 친구는 '한국은 교육 수준이 높고, 거기에 미래가 있는 것 같다'고까지 말했던 게 문득 떠올라.

잘 사는 사람들의 모습만 비춰지는 지독한 자본주의 사회라, 한국인들은 소득 수준이 높고 똑똑한 얼리어답터라는 인식이 있는 것 같아. 물론 국적을 맞힌 사람은 극소수고, 맞혀보라고 하면 여전히 중국(가끔 대만), 일본까지 말한 후에 '흠……' 하고 고민하는 사람이 압도적으로

말라가 여행이 나쁘지만은 않았어. 과거에 요새로 쓰였
던 알카사바(Alcazaba) 건물에 올라가서 찍은 말라
가의 전경 사진을 첨부할게. 내가 스페인 남부에 살아
서 괜히 이런 소리를 하는 게 아니라, 스페인의 진가는
남부 안달루시아에 있다고 자부해. 알람브라 궁전을 포
함해서 바다, 도시와 고대 건축물이 한데 어우러진 말라
가, 얼마나 아름답니. 멋진 풍경을 너희와 공유할 수 있
어서 기뻐.

많아. 동양은 중국, 일본과 그 외 국가로 나뉜다고들 생각하는 것 같아. 이게 아마 '니하오', '칭챙총'으로 대변되는 유구한 언어적 인종차별의 배경이 되었겠지?

동양에도 엄연히 여러 국가가 있고 입체적인 역사가 있는데 서양 중심적 사고를 가진 사람들은 그걸 들여다볼 생각조차 않고 모든 아시아를 '중국'으로 뭉뚱그려 버리니까 중국어로 하는 인사가 기분 나쁜 거겠지. 그리고 그게 맞는 인사일지언정, 나와 다르게 생겼다는 이유로 길 가다가 어떤 사람에게 그 나라 말로 불쑥 인사를 건네진 않잖아. 길 가다가 만난 누군가에게 생김새를 이유로 멈춰 서서 인사를 하는 건 대개 강아지 혹은 아기일 경우지. 대뜸 인사해도 내게 위협이 되지 않는, 자신보다 약자라고 인식되는 대상에게나 그러는 거잖아. 서양인에게 동양인은 딱 그 정도인 거지.

동양인인 데다가 여성이고, 내 경우엔 키까지 작으니까 그런 일들을 유난히 많이 겪는 것 같아. 저번 주말엔 혼자 말라가로 여행을 다녀왔는데 새벽에 술 마시러 가는 길에 실실 웃으며 '니하오' 하면서 따라오는 사람이 한 명 있었고, 버스터미널 코인 로커 앞에서 '니하오' 하면서 나를 빤히 쳐다보는 남자가 한 명 있었어.

친구를 사귈 때도 크게 다르진 않았어. 내 국적을 알게 된 뒤로 '나'라는 사람이 아니라 나를 '한국에서 온 여자애'로 취급하는 게 느껴졌거든. 나를 동등한 인간으로 보지 않고, '삼성'의 나라, 〈오징어 게임〉의 나라, '봉준호'의 나라에서 온 여자애로 보고, 그에 대한 이야기만 하니까 타자화되고 있음을 확 느꼈어.

너희들은 어떤 경험을 했는지 궁금하다. 외국인 친구들을 사귀면서, 혹은 해외에 거주하면서 인종차별이나 타자화 당한 경험이 있는지 궁금해. 내 경험은 한정적이라서 다른 사람의 이야기가 늘 듣고 싶었거든. 기다리고 있을게!

코를 너무 많이 풀어서 눈알이 빠질 것 같은

시연이가

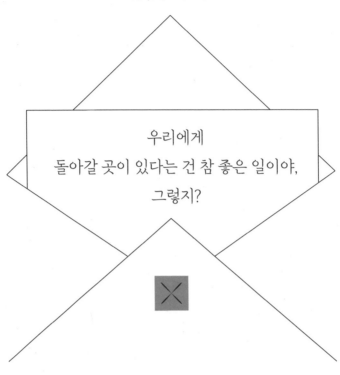

우리에게
돌아갈 곳이 있다는 건 참 좋은 일이야,
그렇지?

시연과 영주에게

지난 글 잘 읽었어. 시연이가 언급한 '타자화'라는 단어가 유럽인이라는 집단 내에서 미묘하게 느껴지던 거리감을 짚어준 기분이었어. 인종차별을 처음 겪었을 때 어떻게 대처할지 몰라 우물쭈물하다가 돌아선 다음에야 쿵 내려앉은 가슴을 쓸어내리기만 했던 기억이 나.

크리스마스 복권도 너무 흥미롭다. 그 사이에 독일도 코끝에 겨울 냄새가 닿는 계절이 되었어. 거리를 수놓은 노란 빛의 조명과 곳곳에 가득한 크리스마스 장식들을 보고 있자니 인정하기 싫지만 내가 크리스마스를 기다렸나 봐. 달력이 10월로 넘어가자마자 마트에 크리스마스 상품들이 들어서는 것을 보며 이놈들 참 지독하다고 생각했는데, 어느새 나도 글뤼바인(Glühwein, '데운 와인'이란 뜻으로, 뱅쇼를 의미) 한 잔에 슈톨렌(Stollen, 크리스마스 때 먹는 독일의 전통 음식으로, 속에 건과나 마지팬 등이 박혀 있고 설탕 가루를 덮어놓은 케이크)과 진저쿠키(Lebkuchen), 슈페쿨라치우스(Spekulatius, 벨기에와 네덜란드 비스킷) 같은 크리스마스 간식을 곁들여 챙겨 먹고 있더라. 근 한두 달간 하루도 갠 적 없는 우중충한 하늘 아래 살다 보니 그런 이벤트에라도 집착하게 되나 봐.

지난주부터 오픈한 크리스마스 마켓에도 짬 내서 들렀어. 요즈음 코로나 확진자가 급증하면서 대부분의 지역에서 크리스마스 마켓이 취소됐던데, 문을 여는 몇 안 되는 마켓이 프랑크푸르트라니 운이 좋지. 친구들이 감자 팬케이크(Kartoffelpuffer)와 마근브로트(Magenbrot, 진저쿠키와 비슷한 작은 비스킷)를 꼭 먹어보라고 했는데, 시험 준비로 바빠서 아직은 짧게 들러 커리부어스트(Currywurst)와 글뤼바인을 한 잔 마셔본 게 다야. 이때 글뤼바인은 보통 다회용 컵에 나오기 때문에 컵 보증금(Tassenpfand) 명목으로 2~5유로를 더 내야 하는데 컵에 지역 이름과 삽화, 해당 연도가 들어가 있어서 컵을 반환하지 않고 기념으로 가져가도 돼. 탐나는 컵을 발견했을 땐 이 사실을 몰랐던지라 기회를 놓쳤지만, 마켓이 닫기 전에 마음에 드는 컵을 하나 정도는 가져볼 수 있었으면 좋겠어.

요즘은 마트에서 파는 어드벤트 캘린더(Adventskalender)도 사려고 호시탐탐 기회를 노리는 중이야. 어드벤트 캘린더는 크리스마스를 기다리며 12월 1일부터 하루에 한 칸씩 열어 매일 다른 선물을 받아볼 수 있는 달력인데 초콜릿, 젤리, 커피 등 간식류뿐만 아니라 맥주, 화장품 등 모든 제품군에서 찾아볼 수 있어. '어드벤츠크란츠(Adventskranz)'라고 하는 문화도 있는데, 장식된 리스 위에 초 4개를 세워 12월의 첫 주일부터 크리스마스까지 매주 일요일에 하나씩 불을 밝히는 거야. 지금 이 글을 쓰는 카페에도 이 리스가 있는데 너무너무 예쁘다. 다음 주에 다시 와서 두 개가 밝혀진 촛불을 또 보고 싶어. 이런 낭만은 세 들어 사는 기숙사생이 즐기기엔 위험해 보이지만, 기다리는 시간들을 더 행복하게 보내고자 하는 문화가 신기해.

있지, 나는 요즘 한국에 돌아갈 시간이 조금은 기다려져.

한국을 벗어나 일시적 도피, 일상 및 사회적 압박의 차단을 위해 독일행을 결정하면서, 주변인들과 그를 둘러싼 사건들로부터도 멀어지게 되리란 것까지는 계산하지 못했어.

엄마는 요즘 커피 때문에 (내 생각 때문인 것 같지만) 잠을 잘 못 잔대. 최근에 학교 전면 등교를 시작한 이후로 수민이는 통화 중에 말없이 쓰러질 정도로 피곤해서 안쓰러워. 현이는 여전히 하고 싶은 일을 하기 위해 열심히 공부하고 있는 듯하고, 주연이는 원래도 폴댄스를 열심히 했었는데 최근에는 보디 프로필을 찍어서 지금 카톡 배경사진이 엄청 멋져. 엄청나게 고생한 군 생활 끝에 전역을 앞둔 주원이의 빡빡머리는 좀 자라 있을지 궁금하고, 현주는 지난 토요일에 임용고시를 치르자마자 소맥을 말다가 일요일에 술병이 났다고 하더라고.

소중한 사람들의 희로애락의 중심에서 함께 술잔을 부딪치지 못하는 시간이 길어지며, 내가 그 바운더리 바깥에 위치해 일련의 사건들의 내밀한 사정을 알 수 없어서 가끔은 슬퍼. 물론 돌아가면 이 기분이 무색하게 다시 그 안에 있을 거라는 걸 알지만, 나중에 정말로 우리의 생활 터전이 변하면 이 관계들도 조금씩 형태가 변할까 싶어.

프랑크푸르트의 크리스마스 마켓(Weihnachtsmarkt)

　　최근엔 각자 받고 싶은 기념품을 조사하는 구글폼 설문 링크를 만들어서 친구들에게 보냈어. 나는 어드벤트 캘린더 대신, 그날 생각나는 친구들의 선물을 하나씩 사며 돌아갈 날을 기다려보고자 해. 선물을 받을 사람이 나만큼 내 귀국을 기대하길 바라며.

　　우리에게 돌아갈 곳이 있다는 건 참 좋은 일이야, 그렇지?

기분을 괜히 몽글몽글하게 하는 프랑크푸르트의 크리스마스를 보내. 한 달도 채 남지 않은 크리스마스를 파리와 하엔에서 각자 어떻게 맞이할 생각인지 궁금해.

추운 이 계절이 너희에게 조금 더 따뜻하게 느껴지길 바라며,

연지가

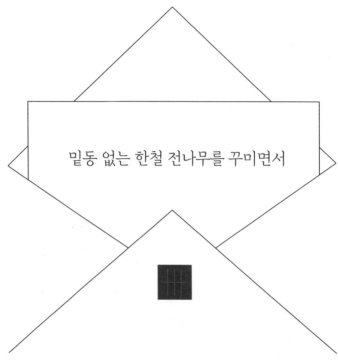

밑동 없는 한철 전나무를 꾸미면서

같은 세대를 공유하는 시연과 연지에게

크리스마스가 머지않았어! 12월에 접어들면서 파리는 '누가 누가 더 화려한가?' 경쟁이 한창이야. 라파예트 백화점(Galeries Lafayette)에는 4층 높이만 한 크리스마스 트리와 산타 할아버지 인형이 있고, 봉마르셰 백화점(Le Bon Marché)은 에스컬레이터를 중심으로 치렁치렁한 금박 장식을 달았어. (솔직히 말하자면 살짝 멀미할 뻔했어.) 크리스마스를 기넘치지 않는 장소가 이상하게 보일 지경이야. 주거지여서 늘 조용하고 차분하던 집 앞 거리도 파란 전구로 빛나. 삭막하던 우리 건물에도 빛이 끊이지 않고. 나무마다 복도마다 투박하지만 정성이 담긴 장식이 걸려 있어.

올해는 크리스마스에 한껏 취할 수 있어서 신기해. 선물이 받고 싶어 울음 뚝 그치던 유년기를 지나곤 남의 생일 남의 명절이라고만 여겼는데 말이야. 유럽인과 한 해 동안 살을 부대끼며 살았기 때문일까? 완전히 틀린 추측은 아닐 거야. 여름에 작별을 고하고 쌀쌀한 바람이 불어올 때부터 크리스마스 맞이를 시작하는 사람들이니! 덕분에 온몸으로 크리스마스를 즐기는 중이야. 매일 어드벤트 캘린더(Calendrier de l'Avent) 하나씩 뜯는 건 물론이고, 튀일리 정원 크리스마스 마켓(Marché de Noël)에도 이미 다녀왔지.

튀일리 정원에서 시연과 연지에게 들려줄 이야기보따리를 한가득 채워 왔어. 이곳도 파리 풍경처럼 반짝반짝하고 가짜 눈으로 화이트 크리스마스 분위기를 조성해. 크리스마스 마켓이 열리는 동안 이동식 놀이기구를 설치해서 놀이공원이 주는 설렘도 떠올리게 하고. 우리나라의 지방 놀이공원에 견주는 규모거든. 놀이기구가 있으니 당연히 먹거리도 함께야. 대표적인 메뉴는 뱅쇼(Vin chaud), 따뜻한 와인이라는 뜻이야.

연지가 보낸 편지에 등장한 글뤼봐인과 비슷한 맛이라고 생각해. 그런데 맛은 유사하지만 판매 방식은 달랐어. 프랑크푸르트에서는 다회용 컵 보증금 명목으로 추가금을 받는다고 했지? 파리는 작은(petit) 크기를 주문하면 종이컵에, 중간(moyen) 또는 큰(grand) 크기를 주문하면 다회용 컵에 음료를 담아줘. 컵에는 연말 느낌이 물씬 나는 삽화 배경에 필기체로 구매 장소가 멋들어지게 적혀 있어. 컵에는 주목할 만한 문장이 하나 더 있어.

"Je suis un gobelet réutilisable, ne me jetez pas." (저는 재사용 가능한 컵입니다. 저를 버리지 말아주세요.)

컵은 단단한 플라스틱 재질이야. 그리고 컵에는 5cl(=50ml)부터 30cl(=300ml)까지 용량이 표시되어 있어서 계량도 할 수 있어. 나는 당장 새로운 컵이 필요하진 않아서 필통으로 재사용해. 그런데 하나둘 의문이 들어. 이걸로 될까? 버리지만 않으면 괜찮을까? 양심의 가책으로부터 해방일까? 대형화물차로 이동식 놀이기구를 옮기면서. 하늘과 땅을 향해 가짜 눈을 뿌리면서. 수백 수천 개 전구에 전류를 보내면서. 일회용 플라스틱 장식품을 매달면서. 밑동 없는 한철 전나무를 꾸미면서.

어쩌면 우리 세대는 자연스러운 죽음을 맞이할 수 없겠다고 상상하곤 해. 마치 영화 〈2012〉 혹은 〈설국열차〉가 그리는 미래처럼. 그러나 영화와 같이 지구인 모두가 한순간에 사라지는 종말은 사치일 거야.

이번 여름을 돌아보자. 프랑스는 한여름이 일주일도 채 안 될 정도로 짧았어. 여름을 스쳐 봄에서 가을로 직행했거든. 7월에 내리쬐는 햇살이 없으니 이상하긴 하지만 무더위보다는 좋았지. 프랑스가 폭염을 피하는 행운을 누릴 동안 옆 나라에서는 물난리가 났어. 독일 서부에 72시간 동안 시간당 최대 180mm의 폭우가 쏟아졌고 홍수로 인해 156명이 사망했어. 불충분한 폭우 및 홍수 대비도 문제였지만 독일에 기후변화가 닥친 사실도 명확해.

국경을 마주하는 두 국가도 서로 다른 날씨를 맞이했으니 전 세계 곳곳에 이상기후 현상이 보여도 이상하지 않아. 한 집단이 사라지는 모습을 전자기기로 관망하면서 천천히 차례를 기다리는 미래. 그 어떤 디스토피아보다 무섭게 다가와.

최근 읽은 프랑스어 문장 하나를 공유하며 이만 줄일게. 나는 인류가 오래 그리고 건강하게 살아갈 수 있었으면 좋겠어.

"Le problème de la pollution concerne non seulement les gens d'aujourd'hui, mais aussi nos descendants. Si on ignore ce problème, nos enfants vont mener une vie difficile sur une terre polluée." (오염 문제는 오늘날의 인간뿐만 아니라 후손과도 관계된다. 이 문제를 무시하면, 우리의 자녀는 오염된 땅에서 힘든 삶을 살 것이다.)

낮보다 밤이 아름다운 파리에서,

영주가

라파예트 백화점의 4층 높이만 한 크리스마스트리와 산타 할아버지 인형. 겨울이 다가오면 프랑스에서는 크리스마스 분위기에 한껏 취할 수 있지.

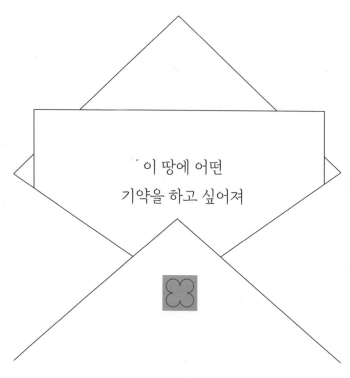

이 땅에 어떤
기약을 하고 싶어져

내년이 되어야 한국에서 얼굴 볼 수 있을
연지와 영주에게

영주 말대로 기후위기를 절감하는 요즘이야. 패스트푸드 체인에서는
재료가 없어서 감자튀김을 못 파는 지경이라지? 아무리 기후변화 속도
가 빠르다고 해도 요새만큼 피부로 와닿게 느낀 건 처음인 것 같아.

우리가 재활용이나 분리수거처럼 생활 속에서 할 수 있는 실천을 해도, 같은 시각 강대국 대기업에서는 비교도 안 될 만큼 어마어마한 규모로 환경을 해치고 있다고 생각하면 허무한 게 사실이지. 그래서 구조를 바꿔야 한다는 이야기가 계속 나오고, 기후협약을 둘러싼 긴장이 팽팽한 거겠지.

그럼에도, 미쳐 돌아가는 이 세상을 저지하기 위해 나 개인이 실천하고 있는 것 중 하나는 채식 지향이야. 내 유학 기간의 식생활은 채식과 떼놓을 수 없어.

올해 여름까지로 자취 2년 차였지만 라면 말고 만들 줄 아는 음식이 없었어. 그동안 밥솥 없이 살았다고 하면 감이 잡히지? 그럼 다들 그동안 무얼 먹었냐고 묻는데, 집에서 음식을 해 먹을 일이 딱히 없었어. 대학가라 가격이 싼 식당이 많아서 사 먹기도 했고, 대면 학사 기간엔 밥 약속이나 회식도 잦았고, 애인이나 친구들을 집에 불러 배달 음식을 시켜 먹은 날도 있었으니까. 고등학생 때부터 기숙사에 오래 살면서 편의점 음식에 길들여진 탓에 즉석식품이랑 친했던 것도 한몫했고.

쌀 없이도 살 수 있을 것 같았던 내가 강경 한식파라는 걸 여기 와서 알게 된 거야. 내가 한식을 생각보다 많이 좋아하더라고. 그걸 넘어서 한식 없이는 살기가 좀 힘들더라고? 괜히 김치 없이 못 산다고 하는 게 아니더라고.

스페인에 오면서 수하물로 부칠 짐을 쌀 때 한식 재료를 넣어야 하나 고민했지만, 한인 마트가 있고 식자재를 구하기 어렵지 않을 테니 옷을 더 챙기는 쪽을 택했거든. 그런데 여기는 대도시가 아니라서 한식 재료를 구하려면 세 시간 걸려 말라가, 마드리드에 가서 캐리어에 꽉꽉 쟁여 오거나, 한화로 15000원 정도 배송비를 내고 주문해야 해. 가격 자체가 한국보다 훨씬 비싸기도 하고. 라면 한 봉지에 2000원 가까이 하니까……. 너희도 알다시피 여기서 라면은 밥 하기 귀찮다고 끓여 먹을 수 있는 게 아니잖아. 라면을 함부로 낭비하는 건 사치지.

한식 중에서도 '김치-sick'이 심해서, 정착 초기에 '내 입에 들어오는 음식은 김치찌개인 것과 아닌 것으로 나뉜다'고 말하고 다닐 정도였어. 어차피 김치 요리를 못 먹을 바에는 아무거나 먹자는 마음으로 거의 매일을 요거트, 시리얼과 빵으로 연명했어. 그러다가 영양소 부족으로 술자리에서 쓰러질 뻔한 적이 있었단다. 그 뒤로는 사태의 심각성을 깨닫고 한식 만드는 법을 배우기 시작했지.

그나마 스페인이 유럽 내 쌀 소비량 1위 국가라서 한국에서와 비슷한 쌀을 찾을 수 있었어. 밥솥이 없으니 냄비 밥을 배웠고, 나아가 나만의 음식을 개발하는 단계에 이르렀어. 혹독한 환경에서 강해진 거지. 요리가 가장 빨리 늘 수 있는 방법은 역시나 유학인가 봐.

이름하여 'Sía food'. 얼핏 근본 없어 보이는 이 음식들은 토종 경상도인인 내 입맛에 뿌리를 두었고, 안달루시아의 멋진 날씨에 영감을 받아 탄생했어. 빨갛고, 마늘이 많이 들어가고, 맵다는 점이 특징이야. 하엔에서 같이 지내고 있는 한국인 언니는 직접 김치를 담가 먹는 기염을 토하기도 했어. 환경에 적응하는 인간의 가능성과 속도는 무한하더라고.

한국에서는 장을 봐서 음식을 해 먹는 것과 외식하는 것의 가격이 크게 차이 나지 않는데, 여기서는 외식이 확연히 비싸잖아. 그래서 모두가 그렇듯 나도 일주일에 2번 이상 장을 보는데 여기서 내 식습관이 확 드러나는 것 같아. 선택권이 있을 때 고기 들어간 음식을 선택하지 않게 된 지는 1년이 조금 안 됐어. 완전한 비건은 아니지만, 채식을 지향하고 있어. 마트에 가서 고기를 돈 주고 사지는 않는 정도야.

마트와 장보기 하니까 이 얘기를 빼놓을 수가 없는데…… 스페인의 대표 음식은 알다시피 하몽이야. 돼지 다리를 소금에 절여서 얇게 썬 햄인데, 스페인의 마트에서는 하몽이 너무 보편화된 나머지, 돼지 다리를 통째로 팔아. 걷다 보면 갑자기 돼지 다리가 주렁주렁 매달려 있어. 심지어 대형마트에 가면 얼굴부터 다리까지 온전한 상태의 소형 돼지를 얼려 비닐 랩에 싸서 파는 냉동고도 봤어. 전신이 전시되어 있는 해산물 코너의 생선들처럼. 확실히 우리나라 마트와는 다른 풍경이지. 독일과 프랑스에도 이런 형태의 동물 사체를 파니? 궁금해. 처음에 난 그게 충격적이었거든.

그러면서 고기를 먹는 것과 안 먹는 것에 대해 다시 생각하게 되더라. 내가 채식을 시작하게 된 계기는 이래. 처음 과외를 했던 학생의 부모님께서 개고기로 탕을 만든 보신탕(혹은 영양탕)을 파셨어. 그 가족은 가게 안에 방을 두어 살았고, 나는 그 방에서 수업했어. 네이버 지도상에는 '영양탕'이라고 적혀 있었는데 무지했던 나는 처음 그 집을 찾아가는 날에도 그게 개를 이용한 음식이라는 걸 몰랐던 거야. 수업하고 거의 3개월 만에 알았어.

내가 직접적으로 본 충격적인 광경은 없었지만, 고민을 하게 됐어. 그렇게 얻은 돈이 내 월급이 된다는 것, 내가 그런 식당에서 일주일에

2번 이상 수업을 한다는 것에 대해서 말이야. 그리고 개고기는 끔찍하게 생각하면서 돼지, 닭이나 소고기는 대수롭지 않게, 나아가 모두의 쾌락으로까지 여기는 게 좀 이상하더라고. 우리를 포함한 그들이 모두 같은 동물인 게 사실이니까.

인간과 좀 더 친밀한 동물이라는 이유로 종차별이 정당화될 수 있는지를 생각하기 시작했어. 그때가 2년 전인가 보다. 그러던 때에 주변 친구들이 하나둘 채식을 시작했고, 그들과 자주 어울려 밥을 먹으면서 자연스레 고기를 멀리하게 됐어. 어느새 몸도 적응했는지 언제부턴가 고기를 먹으면 속이 불편하고 소화가 잘 안 되더라고. 가끔 과거에 좋아하던 맛이 그리울 때도 있지만 막상 먹어보면 그만큼 대단하지 않고, 이제는 예전만큼 그 맛을 갈망하지도 않는 상태야.

사실 채식은 유별난 것이 아니라, 고기가 들어간 메뉴를 '선택하지 않는' 것뿐이더라고. 여기서 장을 볼 때 많이 느껴. 채식하는 사람들은 그냥 고기를 사지 않는 거야. 그리고 고기를 제외한 다른 재료로 음식을 만들 뿐인 거야. 우리가 자라온 환경 탓이 크지. 고기를 먹어야 기력이 보충되고, 축하할 일이 있거나 기분 좋은 날에는 꼭 고기를 먹어야 한다고 생각해 왔으니까. 사실 꼭 그래야 하는 것도 아닌데 말이야. 고기가 아니더라도 영양분을 채울 방법은 많은데.

앞선 설명에서도 충분히 알 수 있다시피, 스페인은 유럽 중에서도 채식하기 어려운 국가야. 그럼에도 불구하고 7할 정도, 웬만한 식당에는 채식 옵션이 있어. 유럽에서 온 친구들에게는 비건이 자연스러운 문화 중 하나라서 좋았어. 특히나 친하게 지낸 독일인 친구가 다섯 명 있는데 그중 네 명이 비건이었어. 내가 한국에서만큼 이상한 사람 취급받지 않아서 한결 편하더라.

한식은 고기 없이도 충분해. 나물 비빔밥, 된장찌개, 고추장찌개를 비롯한 대부분의 요리가 그 자체로 비건이거나 비건 재료만으로 만들 수 있어. 그래서 여전히, 빨갛고 감칠맛 나는 한식이 그리워.

저번에 베를린 여행 갔을 때, 연지는 숙소 로비에 내려가 있고 영주랑 내가 뒤늦게 내려간 적 있잖아. 준비를 마치고 로비로 내려가는 엘리베이터에서 아침부터 꾸물꾸물한 베를린 하늘을 보며 '이런 날씨에 해장국 한 그릇 제대로 못 먹는 삶…… 이건 뭔가 잘못돼도 단단히 잘못되었구나', '우리는 음식 때문에 이민은 못 가겠다' 같은 얘기를 나눴어.

우리 편지도 내 차례는 이제 마지막이네. 이렇게 시간이 빠르다. 가을 학기가 빨리 지나가는 건 동서양이 다르지 않나 봐. 외로울 뻔했던 내 유럽 생활에 있어준 너희에게 진심으로 고마워. 일주일에 한 번씩, 글로만 전해지는 감성으로 너희 얘기를 듣는 게 좋았어. 그 보답으로 나는 어떤 알찬 이야기보따리를 풀어야 할지 고민하는 시간이 버거울 때도 있었지만, 분명 그보다 훨씬 행복했어. 우리가 묶여 있어서 뿌듯했고, 위안이 되는 날들이 많았어.

이제 떠날 때가 되니까 이 땅에 어떤 기약을 하고 싶어지는 것 같아. 어떤 구실로 돌아올지 생각 중인데, 말했듯이 정착은 못 하겠지만 유럽 땅에 미련이 남는 건 사실이야. (그래도 만에 하나 스페인에 정착한다면, 하엔의 이웃 도시인 그라나다에서 살 것 같다고 생각해. 그런 의미에서, 풍부한 투쟁의 역사를 지녔고 현재는 점잖은 아름다움을 자랑하는 그라나다 사진을 함께 보낼게.)

여기에 어떤 약속을 남기고 돌아갈 건지, 너희 계획이 궁금해. 답장은 못 하겠지만, 기다리고 있을게.

애증하는 스페인에 구질구질 매달리고 싶은

시연이가

그런 의미에서, 풍부한 투쟁의 역사를 지녔고
현재는 점잖은 아름다움을 자랑하는 그라나다 사진을
함께 보낼게.

우리가 함께한
이 서간문의 마지막에 감사하며
나도 책상을 두드려!

어디서든 따뜻한 크리스마스를 보내길 바라는 친구들에게

나의 독일 생활은 사계절을 부지런히 돌아 어느덧 남은 두 달의 시
간을 꼽아 셀 수 있게 되었어.

새벽 비행기에서 기내식을 먹다 자다 또 먹고 자며 왔던 기억은 이

제 조금 흐릿하지만, 동생이 한국을 떠나는 내게 건넨 편지만큼은 생생해. 이유도 모른 채 펑펑 울다가 펼친 동생의 편지에는 내가 고3이 되던 동생에게 해주었던 말이 다시 돌아와 적혀 있었어.

"'뭔가를 이루기에 1년이 부족한 시간은 아니더라.' 내가 언니한테 재작년 크리스마스에 들은 말을 돌려줄 차례인 것 같다. 언니가 말했듯 1년이 뭔가를 이루기에 부족한 시간은 아니니, 이번 2021년은 언니가 뭔가를 얻고 행복하기에 너무나도 충분한 시간일 거야."

너희의 1년은 어땠어?

나는 처음엔 모든 게 쉬웠어. 내 엉터리 독일어가 온전한 문장을 형성하고, 그게 처음 온 이곳에서 말이 될 수 있다는 게 신기했어. 사소한 행정처리는 한시도 긴장을 놓을 수 없어 스트레스였지만, 여기서 정착하기 위한 기반을 혼자의 힘으로 다져가고 있다는 점에서 앞으로도 뭐든 할 수 있을 것 같은 기분이었어. 독일에서 먼저 1년을 살았던 언니가 처음 세 달은 마트 가는 것만 해도 재밌을 거라고 그러던데, 나 역시 식당에 가면 주문하거나 결제하는 시간이 제일 기다려졌어.

하지만 독일어를 하면 할수록 막막한 기분이 짙어졌어. 일상적인 일을 해결하는 것만으로는 더 이상 내 기준치를 만족할 수 없었고, 실력이 나아지는 건 뚜렷하게 보이지 않으니까 초조함만 더해졌어. 독일어로 진행되는 전공수업을 거의 따라가지 못했고, 자신 있었던 쓰기 점수는 갑자기 바닥을 치고, 논문 읽기 수업에서는 반어적으로 쓰인 문장의 뉘앙스를 캐치하지 못하고 있더라. 인종차별적인 교수님께서 내가 아시안이라는 이유로 매주 내 발음을 지적하고 유럽 친구들이 깔깔댈 때조차 그게 내 탓처럼 느껴졌어. 처음에는 아직 시간이 남아 있다고 합리화할 수 있었지만 시간이 줄어들수록 그런 말조차 변명처럼 들렸어. 독일어를 2년 공부하고 1년을 독일에 살았지만 아직 알아듣지 못하는 말이 있고, 완벽하게 내뱉지 못하는 문장이 있으니 스스로가 부족하게 느껴졌어.

이런 상태가 지속되니까 칭찬과 위로를 그대로 받아들이기도 힘들었어. 내가 아무것도 아닌 사람인 게 들통날까 봐 무서웠어. 누가 독일어를 잘한다고 하면, 외국인 치고 잘한다는 거 아닐까? 나는 독일어를 전공하는데 못하면 말이 되나? 내가 어디 가서 독일에 1년 살았다고 말하고 다닐 수는 있나? 속으로 이렇게 받아치기 급급했어.

나는 이곳에 오면 정답이 다 있을 줄 알았는데 그렇지는 않더라. 애

매한 언어 실력도, 뚜렷하지 못한 진로도 독일에 오기만 하면 곧장 답이 보일 줄 알았는데, 그건 사실 내가 알아서 쟁취해야 하는 거였어.

얼마 전에는 한국에서 대학원에 다니고 있는 언니가 나랑 꽤 비슷한 고민을 하며 학업으로 막막해하고 있다는 걸 알았어. 나의 부족한 점은 내 잘못처럼 느껴져서 스스로를 다그치기만 했는데, 그 언니를 위로하는 건 쉽더라. 내가 듣고 싶었던 말 중에 제일 좋은 말들만 골라서 했으니까. 그만큼만 내 자신에게 해줬으면 어땠을까 싶어. 그런 의미에서 오늘은 기대치에 못 미치는 독일어로 스스로가 미운 나를 위해 몇 마디 적어볼까 해.

되풀이되는 자기혐오의 굴레에서 '몇 년을 더 공부해야 독일어가 좀 쉬워질까?' 하는 생각이 들었어. 그래서 독일 거주 7년, 16년 차인 언니들한테 독일어를 얼마나 오래 하면 잘한다는 생각이 드냐고 물어봤는데, 둘 다 지금도 그런 생각이 안 든대. 여전히 못 알아듣는 말이 있고, 새로운 표현이 생기고, 어디 가서 독일어 잘한다는 말을 먼저 꺼내지 않는대.

어떤 학문이든 해도 해도 완벽해질 수는 없잖아. 특히 언어는 이 정도면 됐다, 하는 선이 잘 없으니까. 반대로 알아듣지 못한 말은 쉽게 보이고. 나는 내가 잘한 부분은 아무것도 아니라며 감추고 부족한 부분만 확대해서 봤어. 또 내가 지금 독일어 공부 3년 차인데, 3년 차 인생을 살고 있는 독일 아가들보다는 독일어를 잘하지 않을까 싶거든. 그러면 된 거 아닐까?

전공수업을 반밖에 이해하지 못하더라도 매주 어떻게든 독일 문학을 한 편씩 읽어가며 아득바득 자리를 지키고 있고, 걱정했던 쓰기 시험 결과는 엄청 잘 나왔어. 유럽 친구들에게서 비웃음을 사던 수업에서는 지난주에 발표를 아주 완벽히 마쳐서, 친구들의 콧대는 누르지 않았더라도 내 콧대 정도는 올라갔다고 할 수 있겠다. 인턴을 하는 과정에서 독일어로 문제가 생긴 적도 없었고, 택배 배송이 꼬여 배달기사님과 이야기를 하면서는 독일에 몇 년은 산 줄 알았다는 칭찬을 듣기도 했어.

1년의 해외 생활이 이룬 과업에는 분명 언어 외에 다른 것들도 있을 거야. 먼저 나는 대략적인 진로 설정을 마쳤어. 한국에서의 취업 압박, 하고 싶지는 않지만 해야 하는 것들을 내려놓고 오다 보니 내가 뭘 해야 할지가 더욱 명확하게 보이더라고.

또 앞으로 어디서 살지 정할 수 있는 힘이 생겼어. 사는 곳만큼 수동적으로 정해지는 게 없잖아. 예전 같았으면 한국 이외의 곳에서 살 수 있으리라고 상상조차 못 했을 텐데, 이제 나는 여러 개의 방을 두고 내가 살 방을 정할 수 있게 되었어. 그게 다시 돌아 한국이라고 할지라도 말이야. 동시에 내가 상상할 수 있는 미래의 스펙트럼도 넓어졌어. 해외 석사, 해외 취업은 내가 할 수 있는 게 아니라고 생각했는데, 독일에서의 인턴 경험으로 그것도 이제는 내가 고민할 수 있는 선택지 중 하나가 되었어.

보고 싶은 세상이 생기기도 했어. 나는 남들만큼 해외여행, 특히 유럽 여행에 로망이 있는 편은 아니었거든. 정형화되지 않은 특색 있는 건물들, 지역 전통 공연들, 각자의 사연이 있는 역사적 건축물들, 전공 시간에 보고 들은 예술 작품을 실제로 접할수록 앞으로 경험하고 싶은 세상이 이를 넘어 커지고, 꿈꾸는 곳에서의 내년을, 더 먼 미래를 상상하고 기약하기도 해. 볼 수 있는 세상이 넓어지고, 동시에 보고 싶은 세상이 넓어진다는 감각 하나만으로도 1년간의 해외 생활은 충분히 그 값어치를 했다고 생각해.

시연이가 지난 편지에서 유럽 땅에 두고 갈 약속을 물어봤었지? 말

볼 수 있는 세상이 넓어지고, 동시에 보고 싶은 세상이 넓어진다는 감각 하나만으로도 1년간의 해외 생활은 충분히 그 값어치를 했다고 생각해.

이 씨가 된다는 말도 있고, 아직 누군가에게 언어화해 본 적이 없는데 처음으로 여기에 적어볼게.

　나는 일단 내년에 유럽에 다시 오는 걸 계획하고 있어. 가끔은 언어 공부라는 목적 없이 문화 교류나 여행만을 위해 유럽에 온 친구들이 부러웠거든. 독일어 공부의 압박 없이 온 독일은 어떻게 생겼을지 궁금해.

기회가 된다면 튀르키예를 여행하고 싶어. 유럽과 아시아가 교차하는 길목에서 각각의 문화를 체득한 나라가 궁금하거든. 혹시 내가 두 번째 편지에서 이야기한 하이델베르크를 기억할까? 하이델베르크에서 살아보고 싶어. 마치 윤하의 〈Parade〉처럼, 이 도시가 날 무척이나 반겨주는 기분이 들었거든. 내가 본 독일에서 가장 다채롭고 여유로운 도시였기 때문이기도 하고, 예전에 말했던 그곳의 성소수자 도시 정책을 거주하며 알아가고 싶기도 해.

너희가 이 땅에 남기고 갈 약속들을 응원하며, 독일식 인사로 글을 마칠게. 독일에서는 강의나 발표가 끝났을 때 주먹으로 책상을 두드리는 행위로 박수를 대신해. 감사와 존중의 표시이기도 하고 필기하느라 손이 부족해서라고도 하던데, 나는 박수보다 낮고 묵직한 이 소리가 좋아.

우리가 함께한 이 서간문의 마지막에 감사하며 나도 책상을 두드려!

신년맞이를 위해 프랑크푸르트를 벗어나며,
연지가

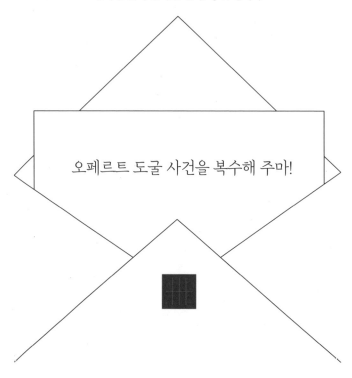

오페르트 도굴 사건을 복수해 주마!

다시 만날 날이 머지않은

시연과 연지에게

프랑스에 도착한 지 333일째 되는 날 보내는 편지야. 딱 떨어지는 숫자가 마음에 들어. 양치질 333법칙이 생각나기도 하고! 정확히 365일을 채우고 귀국할 예정이라 요즘은 흐르는 시간이 시원섭섭해. 하루

빨리 귀국해서 진취적인 인생을 살고픈 마음 반, 지금 생활을 지속하지 못해서 아쉬운 마음 반이 뒤섞였거든.

언니가 타지에서 한 해를 한량으로 보내는 동안 내 동생은 입시를 치렀어. 마침 오늘 최종합격 발표를 받고 공식적으로 우리 학교 후배 님이 됐어. 추가합격 발표를 5차까지 진행한 후 받은 결과라서 더 뜻깊 대. 얼마나 떨렸을지 상상이 안 가. 편지로나마 모두 축하 인사를 전해 주길 바라. 우리는 '의죽참살(의에 죽고 참에 살자: 중앙대학교 교훈)'이니까!

2022년에는 멋진 복학생으로 거듭나고자 해. 미디어 전공 공부와 언론사 인턴 업무로 새해를 채우면 좋겠다는 목표가 있어. 프랑스에서 쌓은 경험을 공부와 업무에 녹여내면 금상첨화겠지. 내 정체성 일부에 프랑스를 넣기 위해 눈에 불을 켜고 프랑스 사례를 수집하고 다녀. "한 국에는 이런 문제가 있어"라는 말을 들었을 때 "프랑스에는 저런 정책 이 있대"라고 답하고 싶기 때문이야.

팬데믹 이후 자영업자 지원이 하나의 예시야. 《주간경향》*에서 팬데 믹 이후 세계 각국 정부가 자영업자에게 지급한 지원금에 얼마나 차이

---

*〈저기선 '억' 소리 여기선 곡소리? 각 도시 사장님들의 '다른' 안부〉, 《주간경향》, 2021.09.27.

가 있는지를 다뤘어. 기사에 따르면 프랑스 파리에 위치한 한식당이 1억 1300만 원을 지원받은 반면, 인천 한정식집은 1400만 원에 그쳤대. 파리와 인천의 물가 차이를 감안하더라도, 프랑스가 통금과 락다운을 반복해 한국보다 자영업자 손실이 클지라도 납득하기 어려운 수치야. 싸늘하게 말라버린 명동 이니스프리 외관 식물이 아른거리는걸.

앞선 편지에서 언급한 ALUR 법을 기억하니? 모든 집은 잠을 자고, 먹고, 편히 살 수 있어야 한다고 규정하는 법이야. 이 법이 한국에 있다면 고시원이나 반지하 등 주거 불안이 투사된 공간은 진작 사라졌겠지.

일주일 내내 고민해도 막막했던 유럽 땅에 두고 갈 약속, 편지를 쓰면서 답을 찾았어. 여행자가 아닌 체류자로 다시금 유럽에 발붙이게 된다면 특파원 자격으로 이 땅에 살고 싶어. 여름마다 한 달씩 휴가를 보내고, 정년이 지나면 먹고 살기 충분한 연금을 받고, '금란', '금파' 걱정 없이 안정된 장바구니 물가와 함께 사는 삶이 정말 부럽거든. 열심히 취재해서 프랑스 복지 정책을 훔쳐 올게. 오페르트 도굴 사건을 복수해 주마!

일일 확진자 10만 명 프랑스에서
영주가

퐁피두 센터(Centre Pompidou)에서 바라본 일몰이야. 훗날 특파원 자격으로 프랑스 땅을 다시 밟고 싶다는 생각이 들었어.

안주하고 싶은 공동체를 찾기보단
우리나라가 모두에게
더 안전한 곳이 되게 만들고 싶어

시연

＿＿＿＿＿＿＿＿＿＿＿＿＿＿

＿＿＿＿＿＿＿＿＿＿＿＿＿＿

＿＿＿＿＿＿＿＿＿＿＿＿＿＿

코로나 이후로 마드리드와 인천을 잇는 직항 노선이 없어져서 스페인에서 한국으로 가려면 꼭 다른 나라를 거쳐야 한다. 올 때와 마찬가지로 파리 샤를 드골을 경유했고, 60분이 채 안 되는 환승 시간 때문에 나는 기타를 메고, 또 내 몸만 한 캐리어를 들고 땀을 뻘뻘 흘리며 드넓은 샤를 드골 공항을 가로질렀다.

탑승 마감이 끝나가는 게이트에서는 발음도 어려운 '시욘'을 찾느라 정신 없는 상황이었다. 비행기까지 가는 버스를 타서 꿈인지 생시인지 믿기지 않는 채로 'INCHEON'이라는 글씨를 마주했을 때, '드디어 이 여행이 끝나는구나' 실감했다.

1년이 미뤄졌다. 파견 확정부터 실제 파견까지 일 년이 넘는 시간을 불확실 속에서 보냈다. 전염병이 언제 사그라들지 몰라서, 언제 출국을 할 수 있을지 몰라서 장기 플랜을 세우지도 이행하지도 못한 채 우울과 불안만 늘어갔다.

어학 성적 만료 기한과 졸업 요건상 더 이상 연기가 어려워진 지난 여름, 여전히 규제가 심했음에도 출국하기로 결심했다. 딸의 안위를 걱정하는 아버지와 다투기도 많이 다퉜다. 죽기야 하겠냐고, 죽어도 거기서 죽어야겠다면서 이를 악물었다.

그 시간이 어땠냐고 묻는다면, 정말 힘들었는데 그보다 훨씬 행복했고 많이 배웠다고 답해야겠다.

업체를 통하지 않고 혼자 발로 뛰면서 까다로운 비자를 받아냈고,

의료보험 없이 사는 외국인이었기에 아파도 병원에 못 가고 겨우 부엌으로 기어 나가 내가 할 줄 아는 가장 간단한 국을 끓여 먹어야 했다. 출입할 수 있는 나라가 많아 소매치기의 표적이 된다는 한국 여권을 갖고도 코로나 규제 때문에 여행 동안 출입국 요건을 계속 확인해야 했고, 생전 처음 가보는 도시에서 외국인한테는 10만 원 가까운 비용을 청구하는 PCR 검사를 하면서 나라를 옮겨 다녀야 했다.

스트레스가 심했다. 여기서 무슨 일이 생기든 스스로 처리해야 했으니까. 스페인에 있으면서 플랜 제트까지 세우는 병이 생겼다. PCR 검사를 하느라 비행기를 놓칠 뻔한 적도 있었고, 어제까지는 출국을 하루 앞두고 코로나에 걸리면 어떡하나, 통장 잔고는 바닥났는데 일주일 동안 또 어디에서 지내야 하나, 최악의 상황을 가정한 고민이 머릿속을 가득 채웠다.

그랬음에도 다시 갈 거냐고 물으면 망설임 없이 갈 거라고 답하겠다. 그 과정을 겪어내면서 내가 할 수 있는 사람이라는 걸 배웠으니까. 영어도 안 통하는 나라에서 집을 구한 경험, 내 생김새와 몸집과 존재만으로 차별받는 것이 당연한 서양에서 살아본 경험은 내 시야를 넓혀 줬으니까. 그래서 이 시기를 기록하고 싶었다.

이 책은 희망적인 말만 하지 않는다. 유럽에서 동양인 여자로 살아남기가 얼마나 고된지, 코로나가 강타한 유럽 땅에서 외국인으로 살아가기가 얼마나 힘들었는지 이야기한다. 하지만 동시에 우리가 그 시간을 통해 얼마나 성장했는지, 힘겨웠음에도 불구하고 왜 이 선택을 후회하지 않는지를 보여준다.

더 많은 여성이 앞에 놓인 기회를 적극적으로 쟁취하며 살아가면 좋겠다. 마음만 단단히 먹으면 이뤄낼 수 없는 일도 아닌데, 우리는 지레 겁먹고 그 가능성을 없애버리기도 한다. 해봤는데, 할 만하더라. 망설이지 말고 일단 질러보자. 이 책으로 그런 말을 전하고 싶었다.

대학에서 동갑내기 친구로 만난 우리는 전공도, 고향도, 성격도 다 다르지만 우연히 같은 시기에 이웃 나라에서 지내게 되었고 그런 우리가 서로 의지하고 또 연대하면서 잘 살아내는 모습을 담고 싶었다. 그녀들이 없었다면 스페인에 있는 동안 내 마음이 많이 방황했을지도 모르겠다. 이 작업을 제안했을 때 흔쾌히 수락해 주고 또 마음을 다해 써 준 연지와 영주에게 고마운 마음을 전한다.

이제 우리는 한국으로 돌아가고 책은 끝나지만, 이 시절의 마음을 잊지 않고 살아가고 싶다. 치열하고 즐거웠으며 배우고 성장하는 시간이 있었음을 떠올리면서, 이때의 푸른 기억을 되새김질하며 살아갈 힘을 얻고 싶다. 이 글이 우리에게는 돌아갈 곳이 되고, 다른 누군가에게는 용기와 힘을 주기 바란다.

이제 이 비행기에서 열 시간가량만 때우면, 내가 나고 자란 나라로 돌아간다. 너무 사랑한 나머지 꿈에 그리던 사람들 품에 다시 안길 수 있다니, 애증했던 서울의 겨울을 다시 마주할 수 있다니, 역시 믿기지 않는다. 처음 유럽에 착륙하기 전, 창문 가득 보이는 마드리드의 빨간 땅을 눈에 담으며 가슴 벅찼던 때가 떠오른다.

다시 시작이다.

연지

2022년은 유난히 손에 붙지 않았다. '2021년…… 아, 맞다.' 매번 마지막 1은 하얗게 칠해지고, 그 위에 선명한 2가 덧씌워진다. 연도의 마지막 자리에만 그렇게 고쳐 쓴 흔적이 남는다. 오랜 친구들과 이때를 핑계 삼아 유난 떨며 안부를 주고받지 않아서, 신년 당일에 떡국을 챙겨 먹지 못해서, 그것도 아니면 한국에서 나를 기다리고 있을 다이어리의 빳빳한 첫 장을 1월 1일에 펼쳐보지 못해서 그런 걸지도 모른다.

나의 신년은 3월이 다가오는 이제서야 온다. 모든 것을 다시 시작하는 순간이다. 가족과 둘러앉아 설날 음식을 차리는 순간도, 그리운 사람들의 소식으로 다시금 내 안을 꽉 채우는 나날도, 사랑하는 사람의 뺨을 쓰다듬어줄 수 있는 것도, 케케묵은 꿈을 찾는 것도 모두 3월이다. 계절만큼이나 모든 것이 소란스러울 때를 앞장서서 기다린다.

처음으로 누구의 판단도, 간섭도 없이 온전히 스스로 내린 선택이었다. 고등학교나 대학교를 선택할 때에도, 학교와 단체에서 자리를 차지할 때에도 순간마다 타인의 조언과 가치가 개입했다. 겁도 많고 탈도 많았던 내 지난한 타지 생활은 오로지 내 힘에서 비롯된 선택이었다. 그렇게 나는 1년간 내가 살 곳을 정했다. 꼬부랑 글씨와 불친절한 소리로 가득한 이곳은 내가 쌓아갈 나의 집이었다. 자리를 잡았고, 완연한 타지에서 인연들을 맺어 옮았다.

유럽 생활은 많은 매체에서 보여주는 것만큼 꿈같지는 않았다. 나에게는 감당해야 할 현실이었다. 365컷으로 구성된 필름 한 롤은 생각보다 길고 또 짧았다. 필름을 찬찬히 되감아 보면 울퉁불퉁하고 탁한 장면들이 먼저 스쳐 지나간다. 독일어를 전공하며 느끼는 언어의 정체, 도무지 나아지지 않을 것 같은 무력감, 비슷하게 위치했던 사람들은 계속해서 나아가고 있다는 조급함, 원하지 않았던 상황이 발생할 때의 우울감과 그걸 다시 독일어로 처리해야 한다는 막막함. 하지만 막상 다 쓰고 손에 쥐어본 필름은 생각보다 괜찮고 묵직하다. 중요한 것은 내가 필름을 다 쓸 때까지 함부로 포기하지 않았다는 것, 때로는 좋아하는 사람들과 부대끼며 잘 견디고 버텼다는 사실이다.

그 결과 1년 동안 스스로의 근간이 단단하게 자리 잡은 충만함을, 처음 경험한 여러 세상의 찬란함을 선물받았다. 독일에서의 한 해는 엄마가 내 시선을 곧게 맞추며 말하던 순간만큼 강직함으로 담뿍했다. 초등학교 1학년 때 엄마는 내 두 손을 단단히 잡고 말했다. "엄마는 연지한테 꼭 친구 같은 엄마가 될게. 엄마가 연지한테 세상에서 제일 친한 친구가 될게." 그날의 약속이 오늘날 잘 지켜졌는지는 모르겠지만, 그 순간은 내가 세상의 끄트머리에 서게 돼도 기꺼이 내 편이 되어줄 사람이 있다는 믿음이 되었다. 엄마의 목소리와 나를 끌어안던 온기, 그 뒤로 다습게 내려앉던 햇살은 한 장면이 되어 머릿속에 선명히 남아 결단하고 추진하는 힘으로서 부단히 소진된다. 이번 한 해 역시 인생에서 필요한 순간마다 무엇이든 할 수 있다는 무한한 용기로 기능할 것이다.

내일이면 나는 귀에서 튕겨 떨어져 나가던 문장들을 듣지 못한다. 한 번 더 꼬아진 행정 업무들을 꼬인 언어로 헤쳐나가야 한다며 불평하지 않아도 된다. 감자만 잔뜩 때려 넣은 짠 음식들 대신 싱싱한 해산물을 찾을 수 있다. 코스크, 턱스크 혹은 노마스크를 욕할 일이 없다. 당장 오늘도 어떻게 될지 모르는 외국인과의 즉흥적인 만남을 이야기하는 대신 2주 전부터 약속을 계획한다. 새롭고 낯선 인연들과의 스몰토크 대신 오랜 친구들과 한숨 지으며 우리의 깜깜한 미래를 짚는다. 날이 좋으면 집 앞에 돗자리를 펼치는 대신 학교에 가는 지하철 안에서 그 시간을 다 놓칠 수도 있다. 대신 날씨는 거의 매일 좋을 것이다. 아시안 여성으로서 나의 신변을 보호하는 일에서 걱정거리가 하나 줄었다. 다시 나의 언어로 수업을 듣고, 영화를 본다. 한국 드라마가 종영후 넷플릭스에 업데이트되기를 손꼽아 기다릴 필요도 없다.

다시 꿈같을 현실을 눈앞에 가져온다. 사랑하는 사람들에게 한 움큼씩 안겨줄 응원들을 떠올리며, 익숙한 땅에서 새롭게 펼쳐갈 것들로 지도를 그린다. 돌아간 곳에서는 할 수 없다고 생각했던 일들에 스스로를 던져보려 한다. 시간을 쪼개서라도 문장을 쓰고, 틈틈이 포착한 순간들을 엮어 물성 있는 무언가를 만들 것이다. 아무거나 되어버리려고 하는 내 안의 도피성을 직면하며, 내가 나에게도 좋은 사람일 수 있도록 내면의 힘을 기를 방법을 찾고 있다.

　단단했던 땅은 유약해지고, 하늘은 겨울이 꽁꽁 두른 구름을 벗고 다시 푸른색을 되찾았다. 이 땅에 발을 디뎠던 날과 똑같이 맑은 하늘 색을 올려다보며 기내식 3번, 13시간짜리 비행기에 다시 올랐다.

　나의 물건들을 꽁꽁 싸서 넣는 대신 아쉬움과 미련을 잔뜩 풀어둔 다. 그중에 후회는 찾아볼 수 없다. 다음 이 집에 찾아올 사람 역시 나 만큼 행복하기를 빌며 깨끗이 청소를 한다. 그리고 아무도 모르게 이 땅과 속삭이며 손가락을 건다. 나는 이제 내가 원하는 언제든 이 땅을 다시 밟을 수 있다. 굳지만 기약 없는 약속을 내려놓고, 곧 맞이할 나의 새해를 부푼 마음으로 기다린다.

영주
_____
_____
_____

한바탕 폭풍이 불었다. 일주일 동안 고심해서 싼 짐이 42kg에 육박하지 뭔가. 체크인 카운터 한구석에서 서둘러 캐리어를 다시 정리했다. 한국으로 보낸 택배에 실수로 체류증을 같이 넣었다가 출국이 불가능할 뻔하기도 했다. 프랑스 경찰에게 처음이자 마지막으로 크게 혼났다.

샤를 드골 공항은 내 '나와바리'라고 생각하고 쉽게 봤더니 큰코다

친 모양이다. 파리에서 가장 자주 방문한 관광지를 꼽으라면 단연 샤를
드골 공항일 것이다. 엄밀히 말하면 파리도, 관광지도 아니지만 친구든
가족이든 파리에서 처음 만난 인연이든, 그들이 이 나라를 뜰 때마다
항상 공항까지 배웅 나갔으니까. 오죽하면 꼼데가르송 티셔츠 입고 직
원인 척해도 되겠다는 얘기까지 들었다.(두 단어 모두 약자가 'CDG'로 같으
니까 말이다.)

　　전혀 실감이 나지 않는다. 당장이라도 뒤돌아 파리 집에 가야 할 것
만 같다. 그간 파리에 놀러온 수많은 친구를 배웅하고 쓸쓸히 지하철에
몸을 실을 때처럼. 그러나 정말 실감이 안 나는 건 내가 프랑스에 살았
다는 사실이다. '봉주르'와 '메르시'만 알고 프랑스 땅에 떨어졌는데도
어떻게든 살아지는구나.

　　에타델리우(état des lieux, 집을 뺄 때 하자가 있는지 주인과 둘러보는 과정)
를 마치고 마담이 말했다. "네가 처음 여기 온 날이 기억나. 1년 동안
이 집에서 잘 지냈니? 그때에 비하면 프랑스어도 곧잘 하는구나." 이 1
년이 단단한 기반으로 자리 잡으면 좋겠다. 일단 도전하기. 하면 된다
는 마음 먹기. 좀 더 뻔뻔하고 좀 더 상냥해지기.
　　앞으로 비행 약 10시간, 그리고 자가격리 일주일이 끝나면 프랑스는

기억 저편에 묻어두게 되겠지. 옳고 그름을 말할 수 있는 곳, 아름다움을 사랑하는 곳, 그래서 여유로운 곳. 어쩌면 동경하는 모습을 프랑스에 투영하는 걸 수도 있겠다. 그런다고 문제가 되나? 마음껏 동경하고 행동으로 옮기자. 옳고 그름을 말하자. 아름다움을 사랑하자. 여유롭게 행동하자.

아! 비행기 서류에 문제가 있어서 출발 지연이라는 방송이 나오네. 거대하지만 텅텅 빈 비행기 속 일행이 없는 승객은 나뿐이다. 왁자지껄 한국어로 떠드는 수다를 실컷 듣고 있다. 슈퍼엠 오빠들(ㅎㅎ)이 기내 안전수칙을 감미롭게 알려준다. 뜬다. 백색소음만이 귀를 간질인다. 고요함이 찾아왔다.

나의 스물셋이여, 영원히 안녕.

이 편지는 유럽에서 시작되어

초판 1쇄 인쇄 2023년 3월 10일
초판 1쇄 발행 2023년 3월 17일

지은이 안시연 이연지 전영주
펴낸이 이범상
펴낸곳 (주)비전비엔피 · 애플북스

기획편집 이경원 차재호 김승희 김연희 고연경 박성아 최유진 김태은 박승연 이정주
디자인 최원영 한우리 이설
마케팅 이성호 이병준
전자책 김성화 김희정
관리 이다정

주소 우)04034 서울시 마포구 잔다리로7길 12 (서교동)
전화 02)338-2411 | **팩스** 02)338-2413
홈페이지 www.visionbp.co.kr
인스타그램 www.instagram.com/visionbnp
포스트 post.naver.com/visioncorea
이메일 visioncorea@naver.com
원고투고 editor@visionbp.co.kr

등록번호 제313-2007-000012호

ISBN 979-11-92641-09-6   03190

도서에 대한 소식과 콘텐츠를
받아보고 싶으신가요?